古典文獻研究輯刊

三八編

潘美月・杜潔祥 主編

第54冊

散見宋金元墓誌地券輯錄八編

周 峰 著

國家圖書館出版品預行編目資料

散見宋金元墓誌地券輯錄八編／周峰 著 -- 初版 -- 新北市：
花木蘭文化事業有限公司，2024〔民 113〕
目 6+210 面；19×26 公分
（古典文獻研究輯刊 三八編；第 54 冊）
ISBN 978-626-344-757-8（精裝）
1.CST：喪葬習俗 2.CST：中國
011.08   112022620

ISBN-978-626-344-757-8

9 786263 447578

古典文獻研究輯刊
三八編　第五四冊　　　　　　ISBN：978-626-344-757-8

散見宋金元墓誌地券輯錄八編

作　　者　周　峰
主　　編　潘美月、杜潔祥
總 編 輯　杜潔祥
副總編輯　楊嘉樂
編輯主任　許郁翎
編　　輯　潘玟靜、蔡正宣　美術編輯　陳逸婷
出　　版　花木蘭文化事業有限公司
發 行 人　高小娟
聯絡地址　235 新北市中和區中安街七二號十三樓
　　　　　電話：02-2923-1455／傳真：02-2923-1452
網　　址　http://www.huamulan.tw 信箱 service@huamulans.com
印　　刷　普羅文化出版廣告事業
初　　版　2024 年 3 月
定　　價　三八編 60 冊（精裝）新台幣 156,000 元　　版權所有・請勿翻印

散見宋金元墓誌地券輯錄八編

周峰 著

作者簡介

周峰,男,漢族,1972年生,河北省安新縣人。中國社會科學院民族學與人類學研究所研究員,歷史學博士,博士生導師。主要從事遼金史、西夏學的研究。出版《完顏亮評傳》《21世紀遼金史論著目錄(2001~2010年)》《西夏文〈亥年新法·第三〉譯釋與研究》《奚族史略》《遼金史論稿》《五代遼宋西夏金邊政史》《貞珉千秋——散佚遼宋金元墓誌輯錄》《談金:他們的金朝》等著作26部(含合著),發表論文100餘篇。

提　　要

本書為《散見宋金元墓誌地券輯錄》的第八編,共收錄宋金元三代的墓誌、地券104種,其中宋代81種,金代4種,元代19種。每種墓誌地券內容包括兩部分:拓本、錄文。拓本都是本人藏品,大部分沒有公開發表過。大部分沒有公開發表過。墓主大部分為不見經傳的普通百姓,為我們瞭解宋金元時期民眾的生活提供了第一手的寶貴資料。

目

次

凡　例

一、本書所收宋金元三代的墓誌、地券的拓本都是本人藏品，大部分沒有公開發表過。

二、本書內容包括墓誌地券拓本或照片、墓誌地券錄文。

三、所收墓誌地券皆另行命名，以避免原題繁瑣缺名的情況。墓誌地券原題皆在錄文中出現。

四、錄文采用通行繁體字，對於字庫中有的繁體字異體字徑直採用，字庫中沒有的繁體字異體字則不再另行造字，徑用通行繁體字。墓誌中現在通行的簡體字徑用原字。個別俗字一律改為正體。筆劃上略有增減的別字一律改為正體。

五、原字不全，但能辨明者，在該字外加框。殘缺不識者，用缺字符號□代替。錄文每行後用分行符號／表示換行，文尾不再用分行符號。

六、墓誌地券原來的行文格式不再保留，徑用現行文章體例。

七、墓誌地券排列順序以墓主卒葬日或刻石日前後為序。

散見宋金元墓誌地券輯錄八編

一、宋苗存墓誌　乾德二年（965）十二月二十四日

誌蓋篆書三行：大宋故／苗府君／墓誌銘，四周刻：一聲聲使九泉聞，草白林疎慘斷雲。烏鵲有情應助哭，曉城人出吊新墳。

嗚呼！隙馴流形，道颻垂景，浮生如夢，佛經為電露之光；人事一空，天道著／短脩之理。故幽壞之歎，休戚之悲，歷覽古今，孰能逃免。府君諱存，本當府／屯留縣蒲沶鄉谷西村人，其先出自漢時長水校尉之後昆也。洎分宗引派，／源峻流清，家諜編聯，世襲其美。早因家户，寄跡戎門，遂流居府內。曾祖／紹，祖筠，父隱。代資孝義，門継簪裾。鄉開推禮讓之能，里巷振謙恭之德。府君／乃隱之長子也。府君有嗣子一人名浦，見充本府院使押衙、舘驛案前行、銀／青光禄大夫、檢挍太子賓客、兼殿中侍御史、雲騎尉，娶郭氏。過庭示訓，／和氣臨人。懷橘採蘭，每無虧扵就養；出身入仕，但克奉扵公方。孫男潤／哥，新婦張氏。姪男章，新婦常氏。姪孫男留六、小廝兒。府君武略資身，膽／勇動眾。將一心而為主，有敵而摧；杖三尺以臨戎，無難不歷。加以內弘壯氣，／外顯和柔，傍敦信義之風，不失雍熙之性。比望遠酬大志，別俟昇騰。不／期事與願違，陰非陽報。忽遭畎室，俄迫藏舟。旋興後夜之悲，果應變／桐之夢。以顯德六年十一月十一日卒于家，享年八十。夫人張氏，素叶母儀，天資／令範。夫義婦聽，風規自合扵肥家；有行有賢，婉雅式遵扵善道。方得／乘龍之偶，將邀築鳳之名。孰為珠碎媚川，玉沉温岫。室縈美疹，雖良／藥以無瘳；花落暮春，在天年之莫逍。以甲子歲冬十一月十九日終于寝室，／年八十四。悲哉！人生幾何，壽命有限。烏飛兔走，徒云却老之方；代

—1—

謝時移，任是／廻山之力。達人以如存若亡，其死若休；嗣子浦恒念劬勞，情深欲報。樹風難／止，再見無緣。扵是遠卜佳城，別尋土地。以軋德二年十二月二十四日，遷夫人祔／之，葬于城西南原五里，禮也。尔乃排凶具，進轜車，簫簋陳，爐煙裊。山凝哀／霧，水送悲風。薤歌初唱扵寒霄，丹旐低垂扵曉景。松門一閟，難逢載啓／之秋；骨肉長辤，莫盡終天之淚。刊兹翠琰，用顯遐齡。其為銘曰：／

伊苗府君，校尉之後。寄跡軍門，鷹揚甲冑。比希昇趨，何期促壽。骨肉悲傷，痛連心首。／重尋吉兆，遠卜佳城。慢慢霧色，咽咽水聲。轜車將進，路次難行。松門一閟，万歲千齡。

誌蓋高 55 釐米，寬 55 釐米。誌石高 53 釐米，寬 53 釐米。正書 25 行，滿行 28 字。《宋代墓誌輯釋》第 22～23 頁刊有拓本及録文。《洛陽新獲墓誌二○一五》第 373 頁刊有墓誌拓本。

大宋故濟陰苗府君墓誌銘并序

嗚呼陰騭流形道飈垂景浮生如夢佛經為電露之光人事盈虛實道者

短脩之理故幽壤之歎休戚之悲歷覽古今孰能逃免府君諱存本當府

乇留縣蒲汭鄉谷西村人其先出自漢時長水校尉之後昆也洎分宗殊流

源峻流清家諜編聯世襲其美早因家户寄跡戎門遂流居府内曾祖

紹祖翁父隱代皆孝義門继簪裾鄉閭推礼讓之能里巷振謙恭之德府君

乃隱之長子也府君有嗣子一人名甫見充本府使院押衙節驛案前行銀

青光禄大夫檢校太子賓客兼殿中侍御史雲騎尉娶郭氏過庭示訓

和氣臨人懷橘採蘭每無懈於就養出身入仕但克奉於公方孫男潤

哥新婦張氏姪男章新婦常氏姪孫男留六小厮兒府君武略資身膽

勇動衆將一心而驚　主有敵皆摧杖三尺以臨戎無難不歷加以内弘壯氣

外顯和柔傍敦信義之風不失雍熙之性比望遠酬大志别俟昇騰不

期事與願違陰非陽報忽遭[illegible]俄迫藏舟旋興後夜之悲果應[illegible]

桐之夢以顯德六年十一月十一日卒于家享年八十夫人張氏素叶母儀天資

令範夫義婦聽同穴自合於肥家有行有賢婉雅式遵於善道方得

乘龍之偶將邀簫鳳之儀孰為珠碎媚川玉沉温岫室[illegible]義齊雖良

藥以無瘳花落暮春在天年之莫逭以甲子歲冬十一月十九日終于寢室

年八十四悲哉人生幾何壽命有限烏飛兔走徒云卻老之方代謝時移任是

偃山之力達人以如存若亡其死若休嗣子浦恒念劬勞情深欲報樹風難

止毋見無緣於是遠卜佳城别尋吉地以乾德二年冬十二月二十四日遷夫人祔

之葬于城西南原五里禮也爾乃排凶具進輀車笳簫陳爐煙鳥哀山凝[illegible]

靄水送悲聲薤歌初唱於寒霄丹旐低垂於曉景松門一閉難逢載[illegible]

之秋骨肉長辭莫盡終天之痛刊茲翠琰用顯遐齡其為銘曰

[illegible]君校尉之後　寄跡軍門　鷹揚甲胄　北[illegible]　何期[illegible]壽　骨肉悲傷　痛連[illegible]

垂[illegible]兆　遠卜佳城　湯湯霧色　咽咽水聲　輀車將進　路次難行　松門一閉　万歲千齡

二、宋劉瓊墓誌　開寶二年（969）十一月五日

誌蓋篆書四行：宋故贈左／千牛衛將／軍彭城劉／府君墓誌。長 42 釐米，寬 41 釐米。

大宋故贈左千牛衛將軍彭城劉府君墓誌銘并序／

公諱瓊，字子珎，其先帝嚳之苗裔也。后稷之胤，是曰公劉，因而氏焉。／枝乎百世，即有邦于鉅鹿者，封于弘農者，因以土茅，遂為列郡。暨乎／秦郊鹿走，漢室龍興，起豊沛而之中原，錫土而／君四海。彭城之胤，爰盛寰區。公即彭城之後也。七世祖儼字若思，任／陝州平陸縣丞，沒扵官，因為平陸人焉。曾祖瑗、祖信並光世英髦，貂瑠不墜。／父楚，早列和門，素糸戎律。箭穿七扎，劍斷長鯨。奮其威而酋黨摧鋒，施其勇／而英豪膽惕。仕唐為太原府兵馬使，公即兵馬使之子也。／公幻有奇姿，氣質魁偉。勇欺二虎，志慕七擒。憤唐季以捫心，慨祾興／而扼腕。爰思杖策，乃勵彎弧。負劍周遊，止戈發歎。中和初，奮其忠列，歸事武皇。／展壯志以輸誠，盡奇謀而陳力。殊功未立，沈疾俄生。乃傾心而退戎，獲／閑居而遂性。連綿病苦，荏苒歲年。既入扵膏肓，誠効於藥石。至長／興二年五月一日，卒於洛陽之私第，春秋七十有九。以其年五月中，權厝於／邙山前之佛舍。夫人弘農郡楊氏先公而亡，有子一人，分符八郡。開運之末，獫狁／亂華。念黔首之何依，痛中原之盡失。乃麾大釛，勇湊長河。棄甲鎧以登／舟，視旗旛而伐皷。見羌胡敗衂，寰區謐寧。自此勳勞鏤于鍾鼎。／聖上以子既列郡，親宜追封。公自尚書工部負外郎累贈左千牛衛將軍，夫／人楊氏累贈弘農郡太夫人。有女二人：長適史氏，早年殂落；次適張氏。並柔／和有則，令淑無儔。今兄妹共議之曰，哀哀父母，生我劬勞，欲報之恩，昊天罔／極。以公未訣窀穸，終禮如何？乃扵大宋開寶二年十一月五日葬于／河南縣平洛鄉徐婁里，禮也。嗣孫、歸女皆護靈輿。目丹旋而痛心，依素幕而／矯首。嗚呼！龜筴既地，馬鬣將封。所慮谷變陵遷，山移岸走。刊方石，誌厥禮事；／書氏族，而永其芳猷。庶此玄宮，不墜綿邈。懿夫公之盛德，不享／高位。為善之道，諒在兹乎！小子以雖聽遺音，無文叙美。聊抽拙思，永作銘云：／

偉哉劉公，堂堂氣質。生既稟星，竕惟卻日。／皇唐之末，負釛從戎。人推豪傑，世仰英雄。／中原未平，沉瘵俄起。二豎爰來，誰攻膝里。／古樹高兮，松栢之限。哲人萎兮，歸乎泉臺。如斧房兮，誰氏之有。／彭城公兮，壽

宮不開。

　　長 73 釐米，寬 73 釐米。正書 29 行，滿行 29 字。

大宋故贈左千牛衛將軍彭城墅公墓誌銘并序

公諱贇字子珎其先帝嚳之苗裔也后稷之

苗平百世即有邦于弼農者因以土苗遂為列郡暨乎

秦郊廪走四海之亂戻於盛龎區漢室龍興起豐沛而定中原錫土姓而

君諱疐彭城縣丞浚於盛龎家變凡七代也

父英豪贍恛仕唐為太原府兵馬使之子也

而幼腕而送壯志以杖氣乃勵彎孤負銁周逆止未立於青育誠麗効於

武皇展五佛念敦俄敢俄年既十有九以其年五月中卒於運歴於

開山乱旌猶而代敗胡郵軍區先失軍寧乃廒太子一人分其長郡開運歴於

興二年五月一日卒于洛陽私第春秋七十有九以其

和有則令齋奕無儔孫郡太夫人有女二人皆護靈興寳二年十一月五日

人楊氏累贈弘農郡宜迪胡敗氏自尚書工部員外郎累贈左千牛衛將軍夫

極以公未沐穸其兄妹玄宮不墜綿邈夫公之盛德不享

河南縣平洛鄉徐臺里馬瑊將封所憲谷寶陵邊山移岸走方心依素幕而

補首嗚呼永其芳獻庶禮如何乃於雖遷音無文叙

高氏為善之道諒在兹乎聽追諒夫聽星美聊抽拙思用作銘云

皇唐之末況瘵俄起人推豪傑世仰英雄

中原末平三監來如蒙叟欷嘆里

盡城公兮壽宮不開古樹高兮松栢之恨哲人萎兮歸乎泉臺如齊房兮誰實之有

三、宋月公道者塔記　開寶六年（973）三月十一日

大宋故萬固寺主月公道者塔記 /

前隨使押衙韓惟葪述，梁景信書。 /

道者，俗姓馬氏，諱紹月，冀州衡水縣人也。盛宗華 / 裔，其來甚遠。空根至理，獨擅扵茲。初扵真定府從 / 師尋即受具，後辤出家院，學業潛已通禪。泊乎振錫西 / 來，真鑒洞了，獲安樂之地，斷煩惱之源。任意浮沉， / 抑有年祀。始則寓隆福之金地，廣設化緣；終則遷萬 / 固之精藍，適因騰併。多開方便，普用慈悲。師之道行，如 / 水善下。眾所心悟，若蟻慕羶。扵是誼聞，大作利益。丹 / 碧照野，棟宇干霄。有感必通，無求不應。夙願未集，法海 / □枯。粵自開寶五載正月二十日子時遷化 / 扵本寺，亨年五十八，僧臘三十二。兀度門人一十 / 三人。於時中外號慟，如喪考妣，謀斯起塔，貴覩真 / 儀，亡而若存，垂扵不朽。永證聚沙之果，長留多寶 / 之石。故用直書，以示來者。時歲作噩月臨 / □洗，開寶六年三月十一日記。焦贇鐫字。 /

寺主僧守謙，供養主僧紹坦。 /

門人一十三人：希詮、希隱、希德、 / 希通、希覺、文證、文遂、文顯、文海、文達、 / 文遇、文義、文安。

施石人張氏，塼作張紹。

高 41 釐米，寬 60 釐米。行書 20 行，滿行 20 字。《山右石刻叢編》卷十一頁 7a 至 8a 有錄文。《宋代墓誌輯釋》第 38～39 頁刊有拓本及錄文。

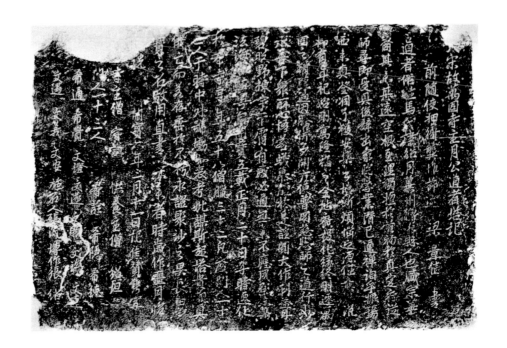

四、宋許国太夫人郭氏墓誌　　太平興國七年（982）十月二十七日

大宋故永興軍節度使、贈中書令吳公夫人許國太夫人墓銘 /

河東薛暎撰。 /

夫人姓郭氏，其先太原人也。自析泒宗周，疏源炎漢。林宗淵默，雅蓄人倫之鑒；景純 / 博達，多識草木之名。俊賢代生，圭祖相継。赫弈圖謀，此得略諸。顯考殷抱樸韜真，顯 / 仁藏用，不求聞達，高尚其事，果旌仁里，實慶德門。夫人天鍾粹和，生禀柔順。 / 不漸傅姆之訓，懸知禮法；恒賤組紃之飾，躬服節儉。泊玉筓輝首，歸我相君。 / 宜其家人，燕翼孫子。始先相國瞻烏，有託立推戴之勳；夫人鳴鳳成 / 占，盡勤勞之力。輔佐君子，夷險一致。以至綿歷數朝，周旋三紀。出秉髦鉞，入 / 當衡軸，為國柱石，作民父母。雖相君忠亮所致，亦資夫人內理之助 / 也。嗚呼！昊天不弔，中歲嫠居。當椒聊蕃衍之慶，有鳲鳩均養之德。孤悌忘亡，慈仁是 / 賴。景命不附，寢疾弥留。於太平興國七年三月一日薨于積善里之第，享年五十七。 / 有子六人。長曰元輔。忠為令德，孝實克家。保□□之世勳，□文武之明略。屢權方鎮， / 咸著能名。見任左神武軍大將軍。次曰載，充東頭供奉官、閣門祗候。範，充右班殿直。 / 次曰□，次曰元吉，次曰□，並為□士□。女五人：長適供奉官李廷順；次適都官員 / 外郎沈継宗；次適供奉官□継永；次適供奉官□継隆；次在室。並芝蘭挺秀，交映謝 / 庭。鸞鳳鏘音，和鳴齊偶。積善餘慶，昭然可知。今上光纂 / 寶圖，重舉茂典。相國加贈中書令，夫人進封許國太夫人。 / 神武太保累遷大將軍、供奉司空，進位閣門舍人、殿直司空，補充右班殿直。諸子未 / 仕者並修弇科。閨門之內，簪笏相輝。向匪慈訓並扵擇隣，賢□冠扵卻鮓，則何由及 / 此也。先是，前夫人李氏早在參墟，已謝泉壤。屬劉氏次□土宇，否隔 / 中朝，幽魂不歸，垂四十載。神武太保茹荼泣血，孝思蒸蒸，□□介使，遷致神枢。 / 以其年十月二十七日與許國太夫人同歸葬于河南府河南縣平樂鄉張陽 / 村，祔先君塋域，禮也。噫！岸谷易變，卅堅難藏。宜勒貞珉，□□遺懿。銘曰： /

猗歟郭氏，與周同姓。紱冕所興，□相□映。 / 誕生許國，蘭□玉姿。配坤之德，□□□師。 / 秉婦之道，作母之□。四者僉矣，□□□之。 / 輔佐□□，□□□臣。訓披諸子，□□□□。 / 移□□□，□青金紫。天□□□，□茫□□。 / 素車□□□，□□□鄉。祔□□□□□□□ / □□夫人□歸此□，□□□富壽以同盡， / □□□□□母芳□。

翟彥龍刻字。

高 65 釐米，寬 64 釐米。正書 31 行，滿行 32 字。

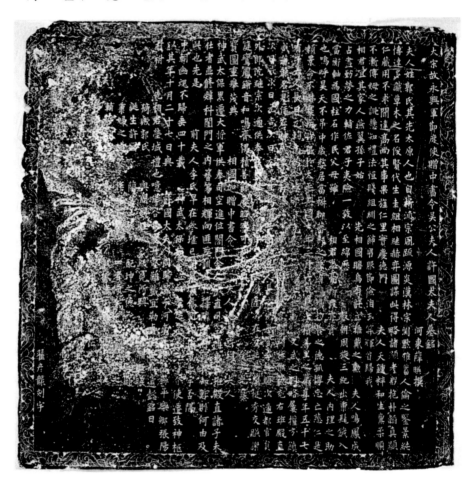

五、宋道元灰骨塔記　　雍熙二年（985）八月十三日

故龍門香山寺上方院主元公灰骨塔記 /

粵窣堵波者，上古諸聖感應遺 / 身之所歸也。今墳塔者，元公上 / 人靈骨之所際也。公法諱道元， / 俗姓賈氏，本魏府內黃人焉。自 / 從鄉邑来及京師，獲游觀扵 / 龍門，遂翹心扵鷲嶺，潛契誠素， / 果畢虔祈，禮上方諲和尚為 / 師，登嵩嶽元律主受具。心澄月 / 皎，珠瑩無瑕。晗幻世之勞生，采 / 靈丹而愈病。此彰理趣。虔仰靈跡，躬說 / 清涼冥祝之询。俄瞻瑞應，涉煙 / 霞而迴首，住絕頂以棲真。勵志 / 焚修，旌乎利益。繇是締構文殊 / 之□，丹腹慈氏之樓。即日成功， / 良緣願滿。嗟乎！有相焉。免無常 / 恬，因緣空歸寂滅樂。以開寶六 / 祀八月十六日順化，享年六十 / 七，僧臘四十三。門人行隆、行深 / 等克承慈誨，未嘗法乳之恩；豎 / 此圓墳，用表師資之禮。西連 / 翠嶺，東枕川流。芳猷永誌，万古 / 千秋。

大宋雍熙二年乙酉歲八月十三日建。鐫字人武再遇。

高 37 釐米，寬 57 釐米。行書 23 行，滿行 12 字。《宋代墓誌輯釋》第 38 〜39 頁刊有拓本及錄文。

六、宋楊仁儼墓誌　咸平三年（1000）四月八日

誌蓋篆書三行：大宋故／楊府君／墓誌銘。高 36 釐米，寬 36.5 釐米，

大宋故儒林郎、試大理評事、守隰州永和縣令、贈尚書户部員外郎、洪農楊府君墓誌銘并序／

朝奉郎、行右司諫、直史館、上騎都尉、賜緋魚袋孫何撰。／

關右之姓楊，為大柄於漢沛，於唐至將相者，常多於他族，載在國史，詳於家諜，此可略也。／王父諱守信，唐興元尹、同中書門下平章事，挾英氣，負明略，以戰功登師壇，以德望佩相／印。顯考諱知禮，荷教忠之訓，承肯搆之業，以才武入仕，累遷至均州刺史。惠著一郡，／慶流弈葉。府君諱仁儼，字守一，即均州之嗣子也。世濟德義，潤之儒雅。昭宗朝，／賊臣擅權，鼎祚將易，衣冠舊族，耻北面於朱梁者多入於蜀。時府君尚幼，其親繈負／以逃難。長仕王氏，署江安簿，五遷至丹稜令。莊宗天飛太原，電掃凶僭。時均州以年／高之骸，府君親腰安輿以至闕下。旋迫甘旨，不遑擇禄，調補渭南簿。恬智交養，／安於下位。卷舒蔫甯之表，出處卓魯之際，四遷至隰州永和縣令。朝議以為府君仁惠／清白而老於州縣，方以周行處之。會沉痼不起，建隆三年四月己酉卒於鄠縣別墅，春秋／六十有二。以其年九月十三日葬于長安縣清官鄉賀蘭原。夫人太原王氏，事夫為／萊妻，訓子為孟母。太平興國四年十一月二日寢疾，卒于府君所終之地。／制累贈府君尚書户部員外郎，追封夫人為萬年縣太君，從尚書之貴也。有女／適人，皆早世。有子惟尚書公，登進士甲科，徧歷清華，終工部侍郎、樞密副使，贈兵部／正卿，事具家狀墓銘。夫以積善之慶為必大之門，相國導清源於前，使君襲餘／芳於後。陰德在於百姓，茂伐著於一門。宜乎享眉壽為邦楨，而官纔令長，年止耳順。天其／或者儲其祉，羨其福，蕃衍其子孫，高大其門闌者歟！而尚書公負覇王之器，有／潛躍之遇，雖蹈宥密，未登宰輔。才略方奮，胷襟尚鬱。又徇昭代而去，壽亦不滿七／十。大易餘慶，一何謬戾。君子曰：不然。脩短之分有定，善惡之報無極。故賢如顏回，未三十／而夭死；德如袁安，垂七葉以彌盛。身不盡享，後必阜昌。今洪農積仁累義，凡四世矣。／是將介曾玄以繁祉，襲公相於方來必矣。故今孫五人皆以清節懿文，善継先志。／咸平二年秋八月二十三日，／詔以備禮，葬尚書公家婦。隴西郡夫人與諸孫得請於上，徙户部府君泊／太原府君之靈柩。以明年夏四月八日，合祔於京兆府萬年縣洪固鄉少陵原／尚書公

之新塋，從吉兆也。以將樹豐碑，先託史官富春孫何誌石而藏於壙。銘曰：／

公侯之裔誰為儒，武當太守楊氏孤。屈身事蜀韜嘉謨，真命渭南司簿書。力行孝道腰／安輿，再敷仁政疲贏蘇。德鉅官微命也夫，銅印墨綬沉中都。昂昂令子衿簪裾，東朝遇／主飛天衢。夕拜貳卿參國樞，民曹追錫光泉塗。壽不偕德堪長吁，継穿黃壤埋瓊琚。新墳／松檟何森疎，中貴視葬哀榮俱。芝蘭玉樹羅庭除，岳立諸孫承令圖。／

范陽張齊古書，武威安文晟刊字。

高 65 釐米，寬 63 釐米。正書 31 行，滿行 34 字。

七、宋胡氏墓誌　大中祥符五年（1012）十一月三日

太山縣君胡氏墓誌 /

太山郡縣君胡氏一娘夲昇州人也，其 / 父江南累任剌史。年十八，歸 / □屯衛大將軍侍其公。生長男憲，見任右班 / 殿直，前監漢陽軍攉貨務，兼兵馬監押，在城 / 巡檢。次男丕，年十三而早亡。縣君懿淑 / □德，親族嘉稱。咸平元年戊戌歲十月十二 / 日，終扵解州，年四十三。遠近□内，以親及疎 / □者慟哭，見與人之和也。祥符五年壬子歲 / □月十八日，長男憲得替漢陽，/ □闕進狀，乞假西洛，擇地卜葬。奉 / □旨□，遂扵城南卜地，地属河南府河南縣 / 龍門村，葬之，表奉 / □之禮也。時大宋大中祥符五年歲次壬子 / 十一月三日，安葬墓誌。

　　殘高 41 釐米，寬 46 釐米。正書 15 行，滿行 17 字。《宋代墓誌輯釋》第 116～117 頁刊有拓本及録文。

八、宋查鼎夫人歐陽氏墓誌　大中祥符八年（1015）九月三十日

故查君夫人墓誌銘

鄉貢進士孫善鄰撰／

夫人之姓，賜于歐陽氏。世本渤海人，越王勾踐之後，裔孫以嘉遯林谷，見／家于盧阜之陽。祖王父諱恩，祖王母郭氏。王父諱球，王母陶氏。／夫人學組紃之歲，蘭蕙同薰，親族皆奇之，而英聲聞于北海查氏，／而遂婦焉。故良人諱鼎。太舅諱浩，太君周氏。先舅諱傑，先姑／黃氏。良人不幸三十年前而亡，夫人鞠育孩稚，守貞節，為嫠／婦，而人不能奪其志焉。享年七十一歲，以大中祥符乙卯歲四月／二十七日遘疾，終于本宅。厥族則南康軍星子縣汝南西鄉牛田社練／橋里也。生子三人：長益，幹蠱之風，謁于里巷，娶潘氏；次約，學古未達，／知次第焉，娶張氏；次整，卓然不群，溫潤如玉，舉進士未第，娶蔡／氏。女五十一娘，適汝南周郎，名光鵬；六十二娘，亦適汝南周郎，名／文則。內外孫息，繁若螽斯，不能畢備。大禮有制度，遠日難稽留。／浮生七十歲，逝水奔東流。嗚呼哀哉！越當年九月十三日，卜葬于／本宅之正离方，土名傅琪塘尾，祔良人之右地也。詩所謂穀則異室，／死則同穴。遂此禮也，而賓其命爾。銘曰：／

夫人之壽，亦不為低。名家之女，良士之妻。／所天既沒，沖幻不攜。嫠居三紀，抱節深閨。／生于盛世。婦于良家。內訓閨壼，中治絲麻。／母儀是秉，女史堪嘉。子孫瓜瓞，富而不奢。／及卜葬所，祔于良人。新營丘坎，舊蔭松筠。／孤鸞會合，破鑑成輪。死則同穴，詩人是珎。

高 65 釐米，寬 63 釐米。正書 21 行，滿行 28 字。

九、宋宋武墓誌　　景祐三年（1036）九月三日

　　大宋故太學博士宋君墓誌□／

　　武功……／

　　尚書比部貟外……／

　　君諱武，字仲達，世占太原籍。祖晉，不仕。父……／奄并汾，署為通進使。太平興國四年，／天王平晉，君始九歲，侍朝中都，因寓於……／名兩京閒。資性方毅遠舉，嫉非義。與人交，有失必面直之。□□□□／好樹大節，下顧當世，常欲引手取卿相位。景德元年，舉進士，□□□／薦書。明年登甲科，試校書郎，知江寧溧陽縣。滿，調相州觀察推官。今／吏部侍郎、知樞密院太原王公隨，時任御史知雜，早與之游，嘉其吏／材，白見，授著作佐郎，俄知越州山陰。踰年，遷秘書丞，知英州。終／任，改太常博士、通判同州。同之郡將，不謹法度，其屬悉媚，莫敢言。／君獨以理括其衝，不得遂行，或先幾絕其孳萌，故事多沮遷少會合，／君亦邑邑不自喜。未幾，感疾終官下，年五十有六。有子尚少，郡將以／事牽寘獄中，私點吏脅其孥，娶焉。子聞之，嗥慟搶地，遂以狂失心狀，／出之使逸去，死于道。義者竊緘君之骨，藏於佛廟。後十二年，／天章待制王公沇以都轉運使來陝西。／樞密太原公別而告之曰：「余生平游，與宋仲達善，不幸死之日，／其孥流離，人所聞也。交所以託死生，今仲達之骨旅而不歸兆，／我則媿焉。敢仗高誼，因此行以求之。且使寧魄九原，示余不忘／雅素也。」已而，因臨晉主簿顏太初之官，過郡訪得之，遂以禮葬于同／之馮翊縣大德鄉堰城原。君前娶楊氏，生一子，亦卒。後娶李氏。／□歿於天聖三年夏六月，葬於景祐三年秋九月三日。前葬期，／□□公自京師疏其族氏而西，命業文者誌其壙。銘云：

　　□□□，以藏以祭。以直得交，卒斂以義。交乎交乎，無靦於後世。／

　　廣平逯受益刊字。

　　高 77 釐米，寬 81 釐米。正書 26 行，滿行 26 字。蘇舜欽《蘇學士文集》卷一四有此墓誌，文字有差異。《洛陽新獲墓誌　二〇一五》第 375 頁刊有墓誌拓本。

大宋故太常博士宋君墓誌

尚書比部員外

武功

君諱武字仲達世占太原籍晉祖晉不仕

奮并汾署爲通進使太平興國四年

天王晉君始九歲侍朝中都因寓於

名兩京閒資性方發遠舉嫉非義與人交有失必面直之

好樹大節下顧當世常欲引手取卿相位景德元年舉進士

篤書明年登甲科試校書郎太原王公知江寧溧陽縣滿調相州觀察判

吏部侍郎知樞密院著作佐郎知越州山陰瑜年遷秘書丞知英州終

封白見授著作佐郎俄知越時任御史知雜早與之游嘉其吏

君亦邑邑不自喜未幾歲疾終官下年五十有六有子尚少郡將以

君獨以理括其衝不得遂行或先幾絕其孽萌故事多汨遲少會合

君以私黠吏脅其整娶爲子聞之嘑慟搶地遂以狂失心狀

事牽實獄中私黠吏脅其整娶爲子聞之嘑慟搶地遂以狂失心狀

出之使逸去死于道義者竊緘君之骨藏於佛廟後十二年

任攺太常博士通判同州同之郡不謹法度其屬悉婚姻莫敢言

天章待制王公泌以都轉運使來陝西

樞密太原公別而告之曰余生平游與宋仲達善不幸死之日

其挈派離人所聞也交所以託死生今仲達之骨旅而不歸兆

我則媿焉歡伏高誼因此行以求之且使寧眂九原示余不忘

雅素也已而因臨晉太初之官過郡訪得之遂以禮葬于同

之馮翊縣大德鄉堰城原君前娶楊氏生一子亦卒後娶李氏

雙於天聖三年夏六月葬於景祐三年秋九月三日前葬期

自京師踧其族氏而西命業文者誌其壙銘云

以藏以祭以直得交卒然以義交乎交乎無愧於後世

廉平遠受益刊字

十、宋陳大娘墓誌　景祐四年（1037）十一月二十二日

囚人行文 /

維皇宋景祐四禩太歲丁丑十一月己亥朔二十二庚申日，有撫州 / 崇仁縣坊郭塔山文上保歿故囚人陳氏大娘，行年三十九歲。於 / 今年八月十八日身死。因徃南山採花，路逢仙飲酒，蒙賜酒一盃， / 因醉而死。今催金銀錢九万九千九百九十貫九百九十九文九 / 分九厘，就地府武夷王邊，永買得長安鄉加會里土名大□ / 坎艮來山庚向陰地一墳。東止甲乙青龍，南止丙丁朱雀，西止 / 庚辛白虎，北至壬癸貞武。上至九天，下止黃泉。永与囚人 / 作万年之塚宅。見人張堅故，保人李定度。太白星官□位， / 北斗星官交度。下後陰注兒孫，招收庄田、牛馬、奴婢。 / 不得招收十惡五逆。其地不得妄有惡鬼照認之限。 / 今將囚人行裝、衣物、材椇，經過泉道鋪鎮，不得妄有 / 軻輻。如有此色，分付太上五靈老君先斬後奏，急急 / 如律令。 / 牒件狀如前，故牒。 /

丁丑禩十一月二十二庚申日，囚人陳大娘墓誌。

高 49 釐米，寬 44 釐米。正書 16 行，滿行 24 字。

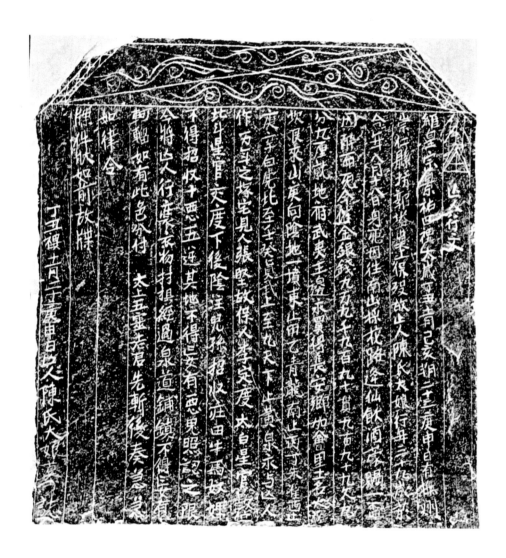

十一、宋王誠墓誌　慶曆二年（1042）二月十日

誌蓋篆書三行：大宋故／王府君／墓誌銘，四周刻：悠悠丹旐引孤魂，親戚悲哀掩壙門。人間到底皆如此，莫負生前酒滿罇。

大宋故王府君墓誌銘并序／

夫有生有死，無古無今，挾舟扛鼎之徒，斷布蒙輪之輩，威能却日，／力可駈山，限至時來，難逃此矣。／祖諱贄，王氏者，先商王元子之苗裔也。因官逐任，析泒分枝，得為潞州上／黨人也。德厚仁寬，言詞婉雅，士子之風邈矣。為人之道，爰彰鄉閭。懷敬愛／之心，隣里歎風波之美。故洽□椿□□□□□□□□膏□□□夜。／婆婆宋氏、賈氏，幼蓮殞墜，桃臉飄零，掩没□顏，飛□王貞，應□□□之天／定，達陽臺之境。府君兄諱秘，早亡。弟文禧，早亡。新婦□□□□大姑李郎婦見存。／府君諱誠，安人和眾，□及成家，悅禮敦詩，疎財至道。何期命逢坎坷，運值天年，享壽三／十有八，因疾而亡。夫人王氏，見□高堂，三從早儉，四德無差。九族皆悅於母儀，六親克遵於／□礼。／府君有嗣子三人：長男用和；次男五兒；次男三兒。嗣子用和者，清廉有才，德□無雙，重／義輕財，先人後己。□□婦□，洞曉閨儀，克光婦道。主蒸嘗之禮，奉甘旨以弥勤。愛女／四人：元郎婦；朱郎婦；李郎婦；小婢兒。姪女楊郎婦。並幼從笄□，針飛引蝶之花；長奉／祖宗，是開顏之樂。孫男翁怜、韓留。嗣子用和念母劬勞之恩，軫兒女孤孀之感，遂棟牛眠吉馬獵／城。擇得慶曆二年壬午歲二月乙亥朔十日甲申，合祔尊靈府西約五里，已來祖墳次西，添立／墳塋安厝，禮也。先也音雲翳日，宿草凝霜，茹歎含悲。為銘曰：

哀哉王氏，名鎮潞州。／人生倐忽，風燭難留。六親悲慟，被葬荒丘。壙門永閟，万古千秋。／

伏慮人代變遷，土石奚平，將後他年，刊石為記。

誌蓋高 63 釐米，寬 63 釐米。誌石高 48 釐米，寬 50.5 釐米。正書 18 行，滿行 28 字。《宋代墓誌輯釋》第 142～143 頁刊有拓本及錄文。《洛陽新獲墓誌二○一五》第 376 頁刊有墓誌拓本。

十二、宋楊公亮墓誌　慶曆四年（1044）十一月十五日

宋故磁州團練推官、將仕郎、試祕書省校書郎楊君墓銘并序／

將仕郎、守河南府洛陽縣主簿張諷撰。／

楊氏，隴西大族，其先漢太尉後也。紱冕相繼，世篤儒教，三代祖始／遷洛陽，遂家焉。曾大父諱克讓，任刑部郎中，贈光祿少卿。大父諱／希閔，累贈工部尚書。父諱日華，仕至太常少卿。君諱公亮，字景／初。少而穎悟，卓有奇節，風神秀整，識度淹雅。事父兄嚴以孝，與朋／友篤於信，時謂楊氏有子。故京師豪俊之士咸低佪慕義，願與之／交。景祐中，因父任為太廟齋郎，非其志也。常自謂：「吾世儒家，凡今／處臺閣、踐華省者，皆用文章高署科等。若自門廕以入官，是累吾／家風也。」遂刻意于學，尤精歷代史書、雜出、百家、傳記，汎濫閎博，論／議者莫能挹其淺深。當是時，文人才士竟以聲律進，君益工詞／賦，最得時輩名。寶元初，一舉進士，至庭試下，已而言曰：「仁義／者內也，刻意勤求；富貴者外也，不可以力取。其命也夫。」康定二年，／調許州舞陽縣主簿。尋改磁州團練推官，試校書郎。秋七月，赴官。／九月，寢疾遂殆，得告輿歸。秦醫欺遲，顏命數促。十月十五日，終于／家，享年三十。嗚呼！淑人君子，不克永年。吾聞位不稱德者必有後，／然則君之後，宜在其子孫乎！妻王氏。男仲安，將作監主簿，年十／二歲，知好學，有成人風。一女，九歲。始少卿一子，及君，亦一子。自／君亡，明年，少卿亡。又一年，太夫人亦亡。哀哉！以慶曆四年十有一／月十五日，同歸葬于河南府伊闕縣歸善鄉府下村新塋，禮也。友／人張諷因官洛陽，既而為誌，銘曰：／

有孝行兮，宗族推其美；有學業兮，朋友稱其文。生也淑兮，／壽不永；道未果兮，隕厥身。嗟哉！／楊君宜安此室兮，永利其嗣人。／

叔將仕郎、守戎州僰道縣主簿日永書，張懷慶刻。

高 61.5 釐米，寬 51 釐米。正書 25 行，滿行 25 字。《宋代墓誌輯釋》第 146～147 頁刊有拓本及錄文。

宋故磁州僉推官將仕郎試祕書省校書郎楊君墓銘并序

將仕郎銀宁河南府洛陽縣主簿張君□撰

楊氏觀西大族其先漢太尉彪世篤儒教三代祖始

諱克謀仕至刑部郎中贈光祿大夫父諱

希閼頴卓有奇節仕至太常卿父兄嚴以孝興今

初少景祐中因父任為太廟齋郎非其志也自謂吾世儒家累世

交景祐時謂省者皆用文章舉科筓出百家傳記況經閑論君安

友萬於信悟早整履歷代史事若門臂以入官是博論

……

九月享年三十嗚呼淑人武一女況歲始又一

二歲知好學萠減人君子孫平妻王氏男仲安將作監主簿年十

君亡明年火卿亡又一女沈歲少卿一子及慶歷四年十有一

人月十五日同歸葬於河南府伊闕縣鳴皋鄉新塋禮也及

君鳳因官洛陽鹼而為銘曰

楊君叔將仕郎宇成別縣主簿□□書 張家慶材

十三、宋黎八郎地券　皇祐四年（1052）九月十八日

　　維皇祐四年歲次庚辰九月十八日庚申，／建昌軍南城縣豐義鄉殁故亡人黎／八郎行年五十六歲，不幸修短。卜兆得土名茶圻作甲向地一穴。東止甲乙，南／止丙丁，西止庚辛，北止壬癸。上止青天，／下止地錫，中夾永為亡人千年塚宅，／万年不移。斬草日用香酒銀錢一千二／百貫，詣開皇地主邊永買得。保人／張兼固，見人李定度，日月共為契書。／天長地久，日月同休。元住神祈急移／速去，不得爭占。富貴吉祥，大吉利。

　　高 35.5 釐米，寬 32.5 釐米。正書 11 行，滿行 14 字。

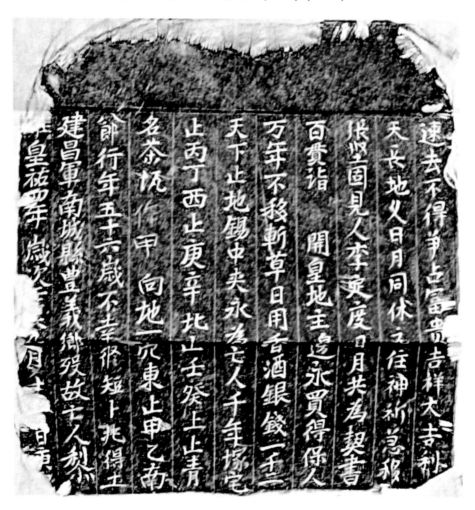

十四、宋蘇昕墓誌　嘉祐四年（1059）五月十六日

宋故武功蘇君墓誌銘并序 /

熙寧二年冬十月辛酉，余從父弟暉葬其 / 考妣于京兆府萬年縣洪固鄉神禾原之新塋，以其 / 兄大明之喪祔之。君諱昕，大明其字也。性 / 彊果勇邁，少而不羈。當康定、寶元之間，夏羌犯塞，守 / 兵迎戰不利，西土騷動。君以謂智者盡其 / 謀，勇者奮其力，則兵可強，敵可滅。扵是學孫吳兵法，/ 略究其義而尤長扵刺射之伎。既而西師解嚴，/ 君遂退養于家，勤約甚有規法。然平居暇日，尚或躍 / 馬戲劍以自娛，視不忘其志也。嘉祐四年五月十六 / 日，無疾而卒，時年三十四。祖諱仲舒，大理 / 評事。父諱通，髙蹈不仕。君前娶 / 前進士張澡之女，生男曰林。二女：其長早亡；季適同 / 郡王公權。後娶邊氏，有子曰㹸。及其葬，祔以張氏。從 / 父弟晦哀其有志而無命也，為之銘曰：/

藝而不庸，是繫所逢。夭棄厥志，/ 方壯而終。琢石寓辭，以識其封。/
從父弟昞書，汲郡呂大觀填諱，翟秀刻。

高 51 釐米，寬 44.5 釐米。正書 18 行，滿行 20 字。

父弟晦書

方仕而終弟晦書
藝而不肯有志而無命也爲之銘曰
郡王公權後娶邊氏有子曰糘及其葬術以張氏從
前進士張澡之女生男曰林二女其長早立季適同
評事諱通高齬不仕祖諱如郡大理
日無疾而卒時年三十四父諱通高齬不仕君前聖
馬戴劔以自娛視不忘其志也嘉祐四年五月十六
君家約甚有規去然平居暇日尚或躍
略完其義而亡長於家勤
謀筭者奮其力則兵剝剝射之伎阮而西師解散於
兵近戰不利西土驤動若是學孫吳兵法
疆果勇邁少而不羈當康定寶元之間智者盡其
兄大明之喪術之君諱昕大明字也性
考姙于京兆府萬年縣洪圓鄉神禾原之君以謂孫吳兵法
熙寧二年冬十月甲酉余従父弟暉葵其
宋故武功蘇君墓誌銘并序

球石萬辭以識其封反郡呂大觀填諱
弟晦哀其宣繫所逢之
從父弟晦書以天葵顧志

蘧亭刻

十五、宋蘇昕妻張氏墓誌　嘉祐四年（1059）五月十六日

宋故武功蘇氏婦清河郡張氏墓銘／

廣文館進士武功蘇晦撰。／

試秘書省校書郎范育書。／

張氏之先，世為著姓，居乾之陽。／曰諱澡者，貢以進士，名知于鄉。／是生賢女，少而惠淑，家推懿良。／長歸蘇氏，子昕為配，和鳴鏘鏘。／事上恭順，動無違者，協于姑嫜。／四時奉祭，舉合內則，絜於粢裳。／何期壯齒，困以沈疾，浸成膏肓。／甲午之祀，正月辛未，宛然以亡。／年止三十，三子孩幼，宗黨哀傷。／號稱至和，歲在乙未，冬焉可藏。／十月丁酉，龜筴告吉，葬從舅傍。／嗚呼哀哉！彼善當壽，云胡不臧。／有屬以愎，罔惠于義，何老而強。／是二端者，交謬其報，嗟哉彼蒼。／婉婉柔德，宜永家室，銘焉以揚。／陵谷萬變，斯石未泐，嘉聲益長。／

安□□刊。

高 39 釐米，寬 48 釐米。正書 20 行，滿行 12 字。

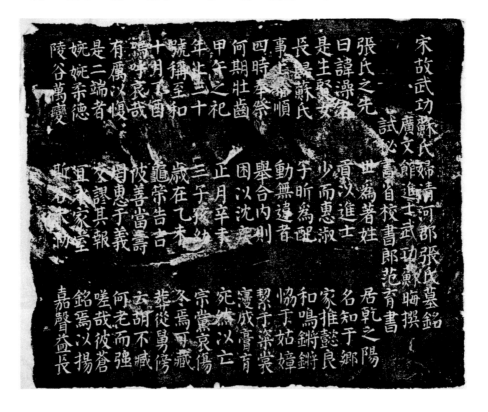

十六、宋靳迢地券　嘉祐七年（1062）八月十二日

　　維大宋寧州振武弟二十九指揮弟二都長行靳／迢為本身自己身亡，扵在州安定村人戶程海地／內買得閒地一所。四至如後，長十四步半，闊九步。東至清龍，西至白虎，南至朱雀，／北至玄武。上至倉天，下至黃泉。／

　　嘉祐七年歲壬寅歲八月己酉月十二日，立文契人程／海，今將前項閒地可長闊步數出與買人靳迢為／主。惟作價錢九萬九千九伯九十九貫文足，分付与天／地神明了足，立文契為憑。出賣地人程海，／錢主靳迢。見人東王公，保人西王母，／書人石公曹。

　　高 43 釐米，寬 27 釐米。正書 11 行，滿行 21 字。

維大宋寧州振武第二十九指揮第二都長行郭
送為本身自己身亡於在州定安封人戶程海地
内覓得聞地一所四至如後　長十四步半闊九步
東至清龍　　　西至白虎　　南至朱雀
坆至玄武　　　上至倉天　　下至黃泉
嘉祐七年為王寅歲八月巳為月十二日立文契人程
海今勝刾項闊地可長闊步敷為與軍人郭迊為
主催作僧公九万九十九佰九十九貫文足公付与天
地神明了足左文契為憑　　賣地人毘海
　立生靭迊　　　見人東王公　　保人西王母

書人石公曹

十七、宋朱景墓誌　熙寧元年（1068）十一月十五日

　　宋故朝奉郎、守光禄卿、權管句西京留守司御史臺公事、上輕車都尉、錢塘縣開國男、食邑三百戶、賜緋魚袋、借紫朱府／君墓誌銘并序／

　　朝散大夫、給事中、充天章閣待制、知河南府、兼西京留守司事、畿內監牧、勸農使、上輕車都尉、陳留縣開國子、食邑九百戶、賜紫金魚袋李中師撰。／

　　文林郎、試祕書省校書郎、守河南府密縣主簿陸彥囬書丹。／

　　將仕郎、試祕書省校書郎、守河南府洛陽縣尉楊國寶篆蓋。／

　　故事，二府初擢，例薦才以聞。嘉祐中，上思舊德老謀。廼自三城召宋公庠還堂筦樞務，又命樞密副使孫／公抃糸預大政。二公悉應詔，薦屯田郎中朱景才堪剸劇。會壽州歲歉，即日自汝海擢典壽春郡，仍理提刑之任，／以重其選。君至，則講荒政以發廩，諭民豪以輸粟，殍者仰活，亡慮數十萬指。監司以狀聞，降勑書獎諭。後二年，／君以先塋在西洛，思過家上冢，廼丐馮翊郡。涖馮翊踰年，復以甫縱心務止足之戒，請西京留司御史臺。抵洛纔四月，／感疾，啓手足扵官寺，即熙寧元年八月十九日也，享年七十有一。府君諱景，字伯晦，世為河南府偃師人。曾大父繼忠，／任左班殿直。大父琪，贈衛尉少卿。考文郁，主客郎中，贈工部尚書。妣孔氏，繼妣高氏，並贈河南、許昌二郡太君。君即尚／書長子。髫齔警悟過人，祖母愛之，曰：「此子異日必成遠器。」既長，嗜學力文，下筆純重。時天聖中，丞相錢文僖尹洛，直集／賢謝公絳倅政，皆善誘育，務振學校。君扵其時與衛景山、王洩闔然名並高第，長老屈行願交，鄉賦首送，擢進士弟，調／鄭州滎陽簿。踰年，丁許昌夫人憂。服除，補河南府戶曹糸軍。府之伊陽縣，地聯殽谷，偷黨淵藪，著令宰者非銓調屬。／朝廷遣侍御史魚公周詢安拊過府，察宰不職，與轉運使交章薦君為代，遂遷伊陽令。詔候任滿，復京朝官。君／操術膚敏，燭精眾務，邑民亘之。寶元中，西垂用武，朝廷以飛輓期會緊郡縣促辦，扵選人中舉才者陞京秩而徙／焉。工部郎中、直集賢院向君傳式以君名薦扵朝，改著作佐郎、知隴州汧源縣。隴坻之俗獷悍，難以力制，君漸摩嚮善，／人皆信服。年勞，改丞中祕。代還，除通判府州。尚書感疾，歸里中，奏丐西京磨勘司以便親，朝廷許之。尚書捐／館，君執喪淂禮，躬自負土築墳，遷祖禰而改卜義堂北原，從先志也，里人聲其孝。還臺，大農薦監在京右廂店宅務。歲／滿，轉太常博

士、屯田外郎，復留再任。皇祐中，燬廢官舍數千楹，君程工督役，不越省限。大農上功，減二年磨勘攺績。轉／中都外郎，再任，復該賞典疇課登也。仍許射便官，授三門發運判官，轉職方外郎。以親嫌，更通判河陽府，叙遷屯田郎／中。大禮，恩賜五品服。宋鄭公典津橋事，悉畀倚君，關裁淂宜，隱濟居多。任滿，遂知汝州。年勞，轉度支郎中。／英宗嗣位，泛恩，改司封郎中。復以歲課，轉太常少卿。今上登極，泛恩，改光禄卿，遂偃然洛墅。在汝也，下車即／見諸生，毀佛提以增黌舍，斂公羡以給生員。葉縣界驛隘僻，城旦卒多為護送人釋縛增械，以擅威福，其貧弱者遂瀕／扵死，名為葉家關。君即購募告者，遂絕其害。有泉自脾山引入官寺之園瀦焉，而源不之廣，枝流不及閭閻。君曰：「囿游／取適而民用不充，豈守者心乎。」亟令湮池之派，釃渠匯環廛肆，以周日用，備火禁，于今賴之。□壽也，君既淂／上所以褒稱，益思展體首公為報。有摘山之饒，民用豐冨，市販生聚半在西城外。舟車商儈之萃，不惟歲凶，剝掠驚騷，／其征竿呵禁，無以限內外，謹蔽欺。君請扵朝，築城延袤數里以環之，公私為便。明年，復淮水暴溢害田，民糴乏／充。君前已淂振捄之術，故仰活者尤夥。君長扵治人，處劇若易。典兩大府事，雖靡密，迎刃沛餘。其法寔扵死者，情涉疑讞，／三覆閱寔，即請扵朝，賴平亭者衆焉。君襟韻慷慨，待物以誠，直不忤物，恕不容過，與人為善，其志尤篤。俸餘薄／扵己，而賙貧親。歷代史、漢唐名臣議論大節，悉所記誦。而尤精詩騷，淂古人風格。遺藁散落，諸子見哀錄。惜乎！位不值／才，承慶廣大，其後巨量虖。君未蓋棺前數日，忽召子光庭曰：「汝秉筆聽吾言，書之作表以聞。」其詞曰：「臣聞河北地／震水災，陛下宜躬自敕戒，避殿減膳。延忠鯁，訪闕失，思所以弭變異之寔。臣死之日，由生之年。」光庭泣以書，白／府。書奏，上即訪恤其家，賻襚加等，復詔具合要恩澤。光庭復以前之所奏，廼父遺志，言不及子孫。／上益諗其忠。娶宗氏，封南陽縣君，先君而亡。子男四人：長曰光庭，試祕書省校書郎，虢州虢略縣令；次曰光逢，洺州永／年縣令。皆登進士第。光庭博學，文潞公應詔薦賢良方正，所進文卷苐優等，方俟廷策。次曰光裔，陝州陝縣主簿；／季曰光旦，太廟齋郎。女六人：長適太常博士鄭端；次適光州司理条軍張玩；次適進士黃叔卿；次許嫁郊社齋郎劉景／陽；次許嫁進士裴宗光；次尚幼。孫二人：長曰純之；次曰徽之。以熙寧元年十一月十五日葬扵河南府偃師縣義堂先／塋之次，舉宗氏祔焉。君病革之日，拊膺謂余曰：「某忍死冀一相見，君當為我作誌壙中，瞑目無恨矣。」中師與

君同牓，今／又同府。遷窆有日，復淂同年王君尚恭誄叙行實，不副君之託。
銘曰：／

古之觀政，剌史縣令。君用不次，能官以稱。孰薦君才，聞扵朝廷。萬室
成城，／萬夫全命。壽人德君，往来思詠。能褒君良，天子是慶。孔門四科，
政事為右。／洪範五福，考終而壽。位非才值，時難命偶。與羙扵前，曷昌厥
後。能榮廼初，／寧名不朽。義堂新阡，嵩雲慘然。君陪先正，其安永年。

王易、張士廉刊。

高 92 釐米，寬 92 釐米。正書 44 行，滿行 45 字。《宋代墓誌輯釋》第 210
～212 頁刊有拓本及録文。

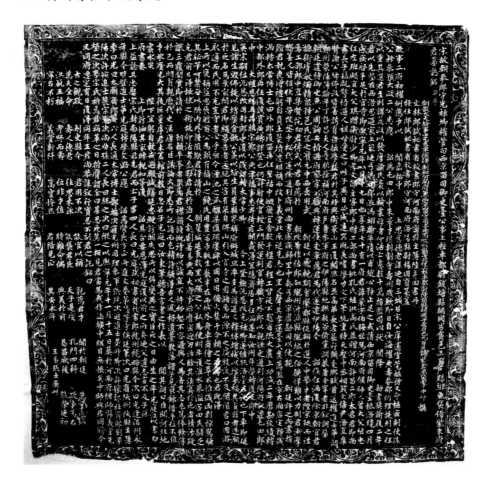

十八、宋劉絳墓誌　熙寧八年（1075）十一月十四日

宋故朝請郎、守大理寺丞致仕劉君墓誌銘并序 /

給事郎、守祕書省著作佐郎、知鳳翔府螯屋縣事臨安錢景諶撰并書。 /

將仕郎、守鳳翔府螯屋縣主薄臨沂劉剛書蓋。 /

君諱絳，字子武，古為彭城人。四代祖濤，以進士起天成時，歷晉、漢、周，嘗為諫議大夫、 / 知制誥。夲朝以祕書監致仕，贈工部侍郎，遂居河南。曾祖項，監察御史，贈工部郎 / 中。祖晟，職方員外郎，贈光祿少卿。父訥，殿中侍御史。四世以名德聞于時。由工部 / 葬京兆之藍田，殿中又徙于鄠，今為鄠縣人。君生十有四年，而殿中君卒，持喪治身， / 已能如成人，事母夫人以孝聞。以父任補太廟齋郎，改三班借職，累遷至右班殿直，監 / 京地咸陽之浮橋。當是時，趙元昊叛，西方用兵，咸陽當其衝。君物色誰何，歲中得姦 / 盜千餘人，以勞遷左班，復換華州華陰主薄。華守私于邑民，頗怙勢犯法，君一切按 / 其姦狀。守怒，百端求君之過，卒無纖毫可以指名者。以選蜀州晉原主薄，晉原之人 / 以離碓水溉田，疏為渠，以千萬計。百姓每以用水不均為患，爭訟未嘗息。君至，則相 / 地之遠近立表江中，以尺寸時刻為先後。又為條約，刊石水旁。由是，人人饗其利，至今 / 無敢逾者。及君之歸，百姓遮道呼叫以泣曰：「使我無訟而不飢者，劉君之賜也。」留數 / 日不得去，又畫為君之像，立祠道周，歲時相率拜之。再調乾州奉天主薄，會歲大饑， / 君請開倉以賑貧民。守令沮其議，君曰：「朝廷重守令之選者，所以為民也，今安坐 / 而視其死，吾不忍為。」乃列于州，願獨發□以活人，以家貲償其出，雖重得罪不恨。守令 / 不能奪，卒如君議，而人賴以濟。未幾，丁□夫人憂，終喪，遂不復有仕進意，喟然歎曰： / 「士之所以仕者，不常唯義之從，死生貴富者有天與命，而或出或處者當在己，吾將遂 / 其在己者。」以大理寺丞致仕。乃築室於鄠之野，臨澇陂，面南山，清流美竹，盡林亭之勝。 / 日與賢士大夫哦詠於其間，如是九十餘年。衣食有餘，不以厚己，而輒以周人之急，雖 / 親戚鄉黨無以異。熙寧八年秋，如洛葬其妻之母于錢氏之墓。既事已，九月戊寅，還次 / 于靈寶道，得疾。辛巳，卒于華陰之館舍，享年五十有七。遂以其樞歸，鄠之人長者號，幼 / 者啼，士大夫相吊以泣。皆曰：「善人死矣，吾何歸焉。」自歸至葬，吊者日踵門不絕。若劉 / 君者，可謂去就在己，而進退不失於義者乎。幼而知所以立，仕而能用其職。知其時之 / 不我與也，不顧以去。又能以行義信於鄉黨，雖古之君子何以加哉。前夫人張氏。今夫 / 人錢

氏，中書令英國文僖公之女，婦事妻道，賢而有法。子男一人：奕，為進士，孝謹有立。／女二人：長歸錢氏，為進士景孺之婦；次尚幼。孫男二人：戩、載。女二人。以十一月壬申葬／于鄠縣琇藏鄉貨泉里殿中地之次。君之夫人於景諶為姑，而景孺為叔父弟，故知／其世次與行己之大方為甚詳。景湛之来西也，拜君於洛，飲酒笑語，期我為南山之／游，別才一月，而哭君之死，既又銘其墓。嗚呼，人事其可必邪！銘曰：／

允義劉君，處淂其理。人則由人，我有諸己。／從吾所好，不可則止。納銘幽墟，貽爾孫子。

翟秀、武德成刊。

2011 年出土於陝西省戶縣大王鎮，現藏於陝西省西安市鄠邑區文物管理所。誌石高 81 釐米，寬 83 釐米。正書 33 行，滿行 33 字。誌蓋刻隸書三行「宋故寺丞劉君墓誌銘」，失藏。錄文及考釋見王原茵：《北宋鄠縣彭城劉氏家族墓誌考釋》，《碑林集刊》（總第二十輯），三秦出版社，2015 年。

十九、宋程樞墓誌　元豐元年（1078）七月一日

宋故安定程君墓誌銘 /

前將仕郎、試祕書省校書郎、權彰武軍節度推官游師雄撰。 /

承奉郎、守祕書省著作佐郎、直集賢院權撿詳樞密院兵房文字范育書。 /

將仕郎、守耀州雲陽縣令蘇晦篆蓋。 /

熙寧中，予仲妹及笄，而友人范巽之謂予曰：「為君家擇 / 壻，莫如程氏子善，其為人孝悌端愨，可妻也。」先子許之， / 姻期未卜而先子去世。後君既娶女，未廟見而君遘疾。 / 伯兄權、仲兄極友愛素篤，捄療無所不至。以元豐元年 / 五月十日卒，享年二十有六。其年七月一日癸酉葬于 / 祖塋之次，以先娶王氏祔焉。前期，二兄屬予曰：「知我弟 / 無如吾子，願淂子之文以銘其墓。」予方哀之，其忍辝。君 / 諱樞，字審言。其先寧州真寧人，曾祖諱元義，祖諱煥，皆 / 不仕。父諱希道，終祕書丞。自其祖徙葬于長安城南鳳 / 棲原，故今著籍京兆之萬年。君為人志意坦然，無所蔽 / 匿。奉其親能竭力，事其兄能盡恭。與人交，一以信。下至 / 僕夫野叟，遇之皆有恩意。用是人皆愛慕，多得其驩。性 / 厚扵親族，雖貧，遇其乏絕者，必盡力賙恤。其處事審諦 / 中理，與人謀必忠。嗚呼！天姿至粹，使之久扵其學，將亡 / 媿扵古之善人吉士者矣。不幸短命，重可哀也。銘曰： /

樊川北，韋曲東。祖之域， / 厝爾躬。悲何寓，白楊風。 /

刊者李仲甫，武德訓。

高 43 釐米，寬 44.5 釐米。正書 22 行，滿行 21 字。

宋故安定程君墓誌銘

前將仕郎試祕書省校書郎權彰武軍節度推官游師雄撰

承奉郎守祕書省著作佐郎直集賢院權檢詳檢式房文字范育書

將仕郎守耀州雲陽縣令蘇海篆蓋

熙寧中予仲妹及笄而友人范巽之謂予曰萬君家擇
婿莫如程氏子善其為人孝悌端愨可妻也先子許之其
姻期未十而先子去世後君既娶女未廟見而君遘疾
伯兄權仲充挺友受素蕘糅療無所不至以元豐元年
五月十日卒享年二十有六其年七月一日癸酉葬于
祖塋之次以先娶芈氏祔焉前期二兄屬予曰知我畢于
無如吾子願得子之文以銘其墓予方袁之其忍辭君
祖諱寧真寧人曾祖諱尢義祖諱煥皆
譚樞字審言自其祖徙葬于長安城南鳳
不仕故君著籍京兆之萬年君為人志意坦然無所厳下至
棱原父諱希道終祕書丞自其祖徙葬于長安城南鳳
夫野叟遇遇皆有恩意用是人皆愛慕多得其性
匡奉親親能竭功事其兄能恭與人交一以信
僕夫與族雖負其乏絕者必盡方闕恤其處事審諦二
中理與人謀必忠鳴呼天姿至粹使之久於其學將六
娵於古之善人吉士者矣不幸短命重可哀也銘曰

唐爾躬　悲何寓
　　　　祖之域
　　　拱川北　白楊風

二十、宋周娘地券　元豐元年（1078）九月二十五日

維皇宋元豐元年歲戊午九月一／日朔二十五日丙申，奉為撫州臨川縣積／善鄉板源保故亡人周娘，行年五／十一歲。被二鼠相侵，四蚍相逼。用銀錢／五千貫於五土明王邊買得土名南濟，／艮山丁向。地東止甲乙，南止丙丁，西止／庚辛，北止壬癸。上止清天，下止黃泉。／永是亡人山宅。保見人張堅固，／書人天官道士。名曰：有飡食，／天不相。明□歸藏，古源之上。

高 39.5 釐米，寬 36 釐米。正書 10 行，滿行 15 字。

二十一、宋盧應儒地券　元豐二年（1079）八月二十四日

額正書：墓上契

維皇宋元豐二年歲次己未八月廿四／日癸酉朔，大宋国饒州浮梁縣白水鄉／南管豐田社弟子盧應儒因往南山採／藥，路逢仙人飲酒，蒙賜一盃，因醉不回。／今將錢九万九千九百九十九貫九百／九十九文九分九毫九厘，於地下武夷／王處買得龍子崗地一穴。東至甲乙，南／至丙丁，西至庚辛，北至壬癸。上至青天，／下至皇泉。永為亡人千年之宅、万歲之／墳，神不得侵，鬼不得奪。男占成奴，女占／成婢。見人張坚固，保人李定度，書人雙／白鶴，讀人雙鯉魚。鶴何在，飛上天；魚何／在，入深泉。日後有人相討，但来東海白／沙邊。急急如吾令勑。

高 39.5 釐米，寬 32 釐米。正書 14 行，滿行 15 字。

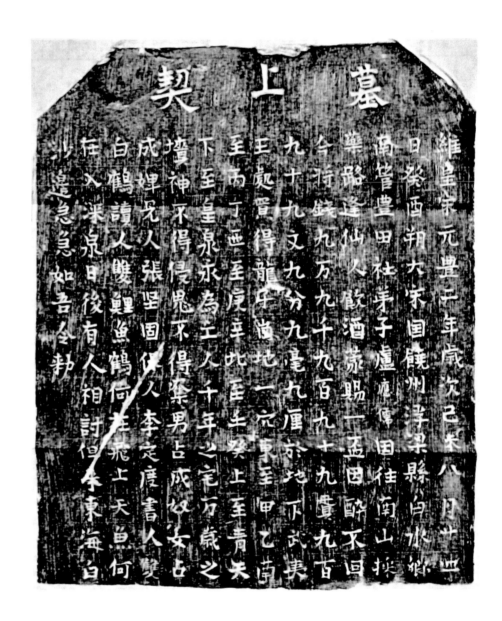

墓上契

維皇宋元豐巳年歲次己未八月十□世
日發酉朔大宋國饒州浮梁縣白水鄉
南管豐田社弟子盧□傳田往南山採
藥路逢仙人散酒蒙賜一盃因醉酔不回
今持錢九万九千九百九十九毫九百
九十九又九分九毫九厘於地下□□甲乙
王處買得龍牛崗地一穴東至甲乙武
下至丙丁西至星泉永為工人□□北至
至處買得龍牛崗地十年之宅万歲之天
壇神不得□得鬼不得葬男占成女占
成婢讀人張堅固使人李定度書人雙占
白鶴碑讀人□雙鯉魚鶴伺左飛上天魚何
左入采泉日後有人鶴伺相討但本東海白
水邊急急如吾令敕

二十二、宋王辯墓誌　元豐三年（1080）九月一日

誌蓋篆書三行：宋故蘇／溫王君／墓誌銘。高 70.5 釐米，寬 70 釐米。

宋故孟州溫縣王君墓誌銘并序／

朝奉郎、守右贊善大夫、知懷安軍撫管內勸農事、騎都尉、賜緋魚袋張仲縮書。／

文林郎、守湖州武康縣令、前監陝府鑄錢監馮維瞻篆蓋。／

君諱辯，字仲訥，其先著望太原，近代居蘇忿生所封之溫，為大姓。王大父／崇謙嘗任殿前承旨。大父允正，父文紀，皆以長者稱，晦處不仕。故君每以／顯親揚名動念，且以慰母心。自妙齡嗜學，明識博記，為日孜孜。未冠，鄉試／進士，果魁之，友朋多畏服。與人交，慷慨無隱情。不屈扵彊，復哀矜人。嘉／祐初，歲飢，邑多窶者虀食。空橐以易薪米，為之濟活。田盧之利皆不取，／願入者卻之。常悟浮圖教，以因果為不無，印其書，恭自持誦及廣散之。又贊／《金光明經》，刻諸石。其言深達性命究竟之理，知造物者以生我為勞，而歎／自逸。扵是，優遊園林，事文酒為樂。手筆名公留題詩于亭榜，自著賦詩雜／文甚多，人皆慕取之。應試有司，八上禮部。嘉祐末，詔九貢者，例與恩補。一／鄉之間，君獨敷格。會其母楊氏棄養，憂除復，當與廷選。不幸，以治平元年／十月十四日感疾以終，得年四十有六。三夫人：江氏，蚤亡；馮氏，先君八年／卒；李氏，除君之服而去。七子，皆馮夫人出。四男：伯也元之，蚤雋，以文行稱，／悼君之喪，又念其母之不見，沈痾促齡，後君三年沒；仲也伯清，季則脩之，／皆夭；獨其姪真卿在，舉進士，孤立勵業，將以嗣君之志而大之。三女：長為／沁源縣尉馮參之室；次及婚，遂亡；次適進士路聞。孫三人。真卿卜元豐三／年九月初吉日庚申，御君之匶于孟州濟源縣濟北鄉泰安里劉邵谷之／吉宅窆焉。以前兩夫人祔，及三子從。嗚呼！大道之不明久矣，曲士多蔽憙／扵進取者，喪性命之真而不悔務，知生死者視仕進為仇敵，是二者皆不／通乎道者也。君連取五貢，侵尋八就春試，固欲仕矣。而不以此汲汲，遂逐／偽而喪真，每退而厚佛事，談生理，順適其意，可謂圓機不器之士。而扵語／默出處，為無媿憾也。後之不能忘情者，以其壽不得考，志不得發以死，悲／夫！千里之扵君，猶子也。而其孤真卿乃敘其深悲極愴之情，強以見諉銘／之，不得辭，銘曰：／

信以篤學，欲進不馳。智以自達，覺性不迷。／當壽而夭，宜仕而奇。命

不易知，于嗟君兮。∕

　　姪千里撰。

　　高 69 釐米，寬 67.5 釐米。正書 29 行，滿行 28 字。

宋故益州溫縣王君墓誌銘并序

朝奉郎守右勳衛中郎將賜緋魚袋張仲簡書

溫縣令兼監陝府鑄錢監□□家蓋

君諱辯字仲訥其先著望太原近代文林郎守湖州武康縣令□□君之王父

崇源嘗任殿前都虞候且以勳勞呂□□正父以儒學明識為博聞者稱晦曰不仕故冠君鄉里每以大姓王大父

顏源楊當任劍南承宣令且承言以長為邑大長目妙齡皆以長博為□□敏致哀不羈君每以賛爾嘉

進士采勳諸軍圖其事以達深與人交慷慨無隱治田彊復哀欲人又□□

祐省卿飢常將國石林言深性命易豪不無印米為青蒲□□疆利皆我為嚴勞之不矜人欲

入遠於是優敦将諸格林其應文達有司酒果素栗為不斷治田北疆復哀

自金光明經剽其母楊氏四十有六除嘉祐末記詩九貢榜自為貪治與我為平詩元一雜

鄉遷間召人皆獨念乘在衆之不見子馮氏出三男伯元也婚氏志之亡伯清以文君偕行稱之

文墓多君獨其妻及進之子齡後君嗣以江氏先君八元

十月十四日庚申御君之婚遙于五州濟源縣聞三人美安里劉郭谷惠之三

平李氏獨其喪斬命之後事談生理順適意可謂圓懷之情強以見誌銘

悼君之喪又念其安而厚佛之不能忘就春試固欲仕不得考志不器之士汲汲逝悲語

沁源皆宅笠以莄命乘五真侵蹇八就春試固欲仕不得考志不器之士汲汲逝悲語

於進取者也君性連取之後之不悔知務知生死者視仕進為仇敵是以死於悲語

古年九月初古卜具安退懴也而其孤真卿乃敘其深悲極愴之情

通于道耳安君也俙而喪具真爾夫刑及二子從為呼大道之不明火鄉泰安曲二郎

偶而喪通于進取者也安君獨子也而其孤真卿乃敘其深悲極愴之情

之夫千里之於君猶子也而其孤真卿乃敘其深悲極愴之情

黙出厥為無媿也君猶子也而

之不得辭銘曰

信以篤學欲進不馳

當壽而夭真仕而奇

智以自達覺性不迷

命不易知于嗟君兮

姪千里撰

二十三、宋宋清墓誌　元豐三年（1080）十一月八日

額正書三行：河內／郡宋／君銘

大宋宋君墓誌銘

宋朝宗書，匠人孫清、任宗慶刻。／

夫人生稟氣，天地為先。漚滅漚生，全同幻化。恍焉而有，惚焉而滅。／
歷代古今，漂沉不絕。見生也喜，見死也憂。生死憂喜，窮之倚狀。禍／福無
因，由人自造。祖事農為業，本天黨李放人也。秦關之北，潞／邑之南。望東
岳而黃砂廟顯，覩西宙而綠檜攢峯。異水綿綿，烏金／洛洛。因吏城西南隅，
易庄十頃，修舍百間。俄成兩世，髫髦三宗。／君諱清，生平慕善，累歲延
僧。盈大會，供滿郡緇徒，時時添福；咸家／財，設野外孤貧，歲歲除灾。施
禮行而君子為先，行孝義而慈親滿／意。君浮生七十有八，期年九月五日，染
疾而終。娶馮氏，生一男，／字戠。神雄稟稟，兒古堂堂。結恩義而松栢齊同，
習朋友而如山不／動。戠娶元氏，生一男，字換喜。侍父侍親，盡忠盡孝。宅
西南卜塋吉／地，咸按古經。緝玄堂於榮家之地，置棺槨於顯族之崗，則其甚
堅／固也，尊靈琀年不朽。謹以元豐三年歲在庚申十一月初八日，／亡祖泊父
之靈同時掩覆，慮誌辭紀實有未盡，故為銘曰：／

人生幻化，幾日光陰。父母微形，何淺何深。須弥臣岳，／刼至時侵。誰
能得久，甚物堪任。周旋徃復，自古自今。／出生入死，歷刼漂沉。是故智
者，在意推尋。得失二途，／惣由自心。心正即道，心耶境臨。平等不動，如
世黃金。

高 55.5 釐米，寬 38 釐米。正書 18 行，滿行 25 字。

河内
郡宋
君銘

大宋宋君墓誌銘　　　　　　　　　　　　　　宋朝宗書　匠人孫清　任宗慶刻

夫人生稟天地為先軀感靈生全同幻化悦壽而有悉孝而減

曆代在今漂況不絕見生也喜見死也憂生者是前之偶狀禍

福無因由以自遵祖事農為業李天黨李攺人世泰閣之北路

邑之南望東岳而黄砂廟顯觀西宙而綠檜嶺峯異水綿綿烏金

洛洛因束城西南隅易莊十項修舍南間俄成雨世易歸三宗

君諱清生平慕善累歲除災施禮行而君子傷先行萃義而慈親滿

意君浮生七十有八期年九月五日染疾而終君子傷先行萃義而慈親滿

財設野外孤負威陈災施禮行而君子偽先行莘友而如山不

動歐娶元氏生一男字横喜侍父親盡忠盡孝宅西南卜葬吉

字歐神雄稟貫亮古堂堂結恩義而松柏耆同習朋友而娶馬氏生一男

地咸按右經緒玄堂榮家之地置棺槨於之幽則其基堅

固也尊靈珠年不朽蓮汝元曹三年歲任庚申十一月初八日

亡祖詢父之靈同時俺覆靈誌辭紀實有未盡故為銘曰

人生幻化盤日光陰父册微形何淺何深須弥目岳

却至時侵誰能得久其物堪任一周旋往復自古自今

出生入死屠劫漂況是故智者在意推寻得失二途

悉由自心心正即道心耶境臨乎莘不動如世黄金

二十四、宋張津墓誌　元豐四年（1081）十一月二日

誌蓋正書三行：宋陝州夏／縣主簿張／君墓誌銘

宋故陝州夏縣主簿張府君墓誌銘／

懷州軍事判官白具撰。／

陝州平陸縣尉劉景陽書并題蓋。／

　君諱津，字汝檝。曾祖去華，皇任工部侍郎，贈司徒。祖師錫，皇任光祿少卿，贈／兵部侍郎。考景儉，皇任司封郎中。母任氏，元城縣君。張氏，襄邑人，自司徒徙／居河南，世為大族。而君幼能好學，不務游戲。暨長，克守家法，擇交游，寡出／入。雖閭里親舊所還往者，終歲不過一二焉。其學皆聖人正經，不喜諸子百／家之說，尤好《春秋》。家事之餘，不舍編簡。兩舉進士，皆不預貢名，以父蔭補太／廟齋郎。君素薄於仕進，凡所受命，十餘年不赴銓調。嘗侍親江湖間，留意禪／觀，門風祖道，莫不究竟。故輪廻生死之理，清净寂滅之趣，頗皆了達。烈考外／除，廼曰：「家貧母老，安坐不仕，則名教之罪人也。」始勉從選，注陝州夏縣主簿。／居官嚴明，秋毫必察，吏畏民愛。時司農丞出使五路折納，及境，聞其才，遂辟／以偕。所至無所憚，守法奉公，臨事不撓。秩滿，陝尹以朝廷始方民田，請／留。君曰：「予去庭闈既久，而數且屯矣，當委順以避。」乃稱疾，旋洛杜門。再歲，／復逼祿養，詣吏部。未幾，感疾終于京，元豐四季六月十二日也，享年三十八。／君之先不事資產，貧固有素，至君益困。然義有可施，則未嘗不為。晚愛詩／什，多談唐杜子美章句。善書隸體，氣韻淳古。賦性剛直難犯，不阿於上。事少／有忤，皆以理折之，退莫不服。與人寡合，樂忠告善道，雖見小過，必規諷之。凡／所為，志氣甚大。以時不偶，故少成事。竊慕晉劉伯倫之徒，遇佳風月，則飲酒／以陶其天真。或繼日不醒，久為親知力勉，而君弗顧曰：「酒者，古人寓意之／物也，安可徇俗而變吾所寓哉！」竟以致疾，其命也歟。噫！君既業儒術，又通／性理。間以酒為樂，而戾平生之所學，豈非無心於物，動亡滯礙，放蕩廓落，形／器不能局，規矩不能拘，繩墨不能撿，而是非不能浼者哉。娶韓氏，知制誥／綜之女。子二人：曰太易、太蒙。女四人，並未冠笄。以其年十一月初二日，葬于／河南府河清縣平洛鄉上店村祖塋之前。前先期，乃仲備書本末，俾具銘其墓。／具蚤與君游，義不克辭，銘曰：

　猗歟府君，剛明好古。益通禪學，造師詣祖。晚寓于酒，／匪荒匪酗。達

人所為，孰測其故。知命以歸，為貧而去。／天祿不遐，嗚呼厥數。

張大有刊。

誌蓋高 33 釐米，寬 33 釐米。誌石高 53 釐米，寬 53 釐米。正書 29 行，滿行 29 字。《洛陽新獲墓誌　二〇一五》第 383 頁刊有墓誌拓本。

宋故前陝州夏縣主簿張府君墓誌銘

懷州平陸縣尉劉白撰

君諱津字汝楫曾祖儉皇任司徒祖師錫皇任工部侍郎贈司徒祖師錫皇任工部侍郎贈司徒父譚皇任司徒景陽書丹題蓋

君世為大族所居河南府河南縣津里人也尤好素薄不喜諸子百家之說學了夏縣主簿張氏襄邑人自司徒贈太

入難說間道莫老於家還任者九歲能好學一二游其戲必編兩舉不第乃丞相以父蔭補交陰諸子出

家之雖貧素不務家事終身不營田宅主簿請辟

廟門嚴家風祖考春秋所往君幼能不舍過不好學母氏以正經法擇交陝州夏縣主簿

除官偕所至明詣子母庭諱必安竟終於家坐故民愛則名教之罪人也始調從選注煩擾關外

居齋日無毫累輪受命元理十餘年清淨使陝尹以避路乃折納疾旋

以過先養去事吏資產未闞字察久奉疾臨其事益困然賦性剛直雖見小過必為

留君禮至秋去所以章甸固有素疾而終于京元豐四年六月十二日

復過君日子謀不事繼以退吾平生所寫為親成事力勉而韻浮豐古賦性剛道雖難遇必規諷之

君既既久感四妻順六可苑也

有什多皆以理理或以愛不莫偶久故少為隷人真氣合慕晉忠告善道顧曰酒月則飲之

所為陶志其天真俗或醒故寡為臨親知致疾不能浣者戈韓氏知制詰形

物也不能安局二人見酒距曰不易太篆女四人並未哥并乃仲書本末俱其銘其墓于

性理不閑女子清人樂不拘墨生之所學不脹者亡聚放蕩廓落通

器綜之女子太府君將平洛太嚴女螢之前先期書本末俱其銘其墓于

具河南之盤與河府君義達剛明好辭古曰執測其故知命詣祖

天祿匪嗽魅歟不退嗚呼厥歟造師詣祖益通禪學晚寓於酒為賀而去

張大有刊

二十五、宋裴愷墓誌　元豐五年（1082）八月三日

宋故裴君墓誌銘并序 /

新授鳳州司戶參軍何常撰。 /

瀛州防禦推官、新授知寧州襄樂縣事毌敦仁書。 /

自三代鄉舉里選之法廢，後世取士一出於有司。故士有 / 德行道藝，著為鄉人所知，終其身而不得仕者有矣。裴君 / 諱愷，字仲實，行義高潔，不親勢，不近利。力學舉進士，累試 / 不利於春官，志益堅，樂與賢士大夫游。張子厚先生，世之 / 聞人也，一見奇之。君從先生之學，所得益多。早孤，事母 以 / 孝行聞，嘗語人曰：「祿及偏親止矣，無它求也。」會歲大疫，感 / 疾終於家，實元豐五年四月甲戌，享年四十有二。裴氏譜 / 係不傳，無以世次。按其先為河東聞喜縣人，後遷關中，遂 / 家於京兆臨潼縣。曾祖諱昌期，階州將利縣令。祖諱谷，隴 / 州防禦推官。父諱瑛，慶曆中以進士為京兆薦首。方君 幼 / 時，其父亡，既□□，塋兆不吉，故嘗欲改葬焉。其母劉氏以 / 君卒之年八月壬子，葬于萬年縣白鹿鄉永安里，因改其 / 夫之喪葬新塋，成其意也。君娶司氏，一女一男，皆尚幼。君 / 之母老而無以養，子幼而未治事。家貧甚，及葬之日，棺槨 / 衣衾之費親友協力以購之。君平生時與人寡合，取友必 / 擇。既沒也，享親友之助，其為人亦可槩見也。河東毌敦仁 / 實主其事，以常知君為詳，故屬以銘。銘曰： /

古之達人，善乎齊物。不哀夭之短，不樂壽之長。以 / 窮通為寒暑之序，以死生為晝夜之常。子之其窮 / 天也，其死命也。理之適然，余又奚傷。

李甫刊。

高 48 釐米，寬 48 釐米。正書 23 行，滿行 22 字。

宋故裴府君墓誌銘

絳州……州司戶參軍何……撰

……州襄樂縣事母敬仁書

目……行……德……
不弱……利……也……
徇人……行閒書一女……
……亲行……宗……
……之……以祿又偏祖……
……無它求也後……
州……其人……曰君從先生之……
判京兆隨道縣曾祖諱昌……
……按其先為河東聞喜縣人後遷閒中遂……
時……其……八月葬士……子葬于萬年縣白鹿鄉永安里因君……
……之喪葬成其意也君娶司氏一女一男皆尚幼君……
夫……母而無以養子幼而未治事家貧甚及葬之日棺椁……
之母……觀友協力以其為人亦可槩見也河東母敬仁……
……余遺親友之助故屬以銘銘曰……
擇義其事以……段也其親友之助君為詳故不哀乎之短不樂壽之長以……
……古道之為人蓋乎……
天也其死命也理之適然余又奚傷……

二十六、宋宋世則墓誌　元豐六年（1083）五月二十一日

宋故居士宋公墓誌銘有序 /

鄉貢進士梁國張起撰并書。 /

公諱世則，字則之，其先東京開封縣人，皇朝蔡國公 / 諱彥筠之後裔也。曾祖諱崇義，皇任左驍衛大將軍。祖諱 / 可昇，皇任祕書郎。父諱文質，皇贈左屯衛將軍。公 / 雖世祿之後，而志慕高尚，因晦迹弗仕，乃徙居汝陽，今為 / 梁縣人。其初，樂林泉之趣，由是卜隱於郡之東郊，距於城 / 纔一舍之遠。俯汝水，治田園，卒能擁高貲厚產，致家豐羨。 / 平居喜賓客，日以燕飲為事。時賦歌詩以適其意，雖音律、 / 術數無不通曉，而尤精於書學。嘉祐六年五月初八日，以 / 疾終于里第，享年五十一。夫人王氏居多內助之力。 / 有女一人，適進士李公直。夫人孀居十數年，舉無差 / 爽，里人以此多之。一日疾慮甚思，以其家貲勾歸息女。因 / 牒诉于公，繇著令，淂從所請。夫人聞之曰：「固無憾矣。」 / 即日奄然而逝，時元豐三年九月初一日也，享年五十六。 / 越六年五月丙申日，舉葵于河南府河南縣賢相鄉杜澤 / 里先塋之次。為之銘曰： /

志輕紱冕，迹晦林泉。旣適其性， / 何嗇其季。粵有內助，焭然自處。 / 終丐家貲，歸諸息女。邙山之陽， / 賢相之鄉。營落真宅，千古之藏。 /

汝陽劉有方刊。

高 51 釐米，寬 52.5 釐米。正書 22 行，滿行 22 字。

宋故居士宋公墓誌銘，有序

鄉貢進士梁國張起 撰並書

公諱世則字則之其先東開封縣人　皇朝泰國公

諱彥篤之後僑也曾祖諱文質義　皇任左衛大將軍祖　公諱

雖世祿之後而志慕高尚因晦迹弗仕乃從居汝陽今□

梁縣人其初樂林泉之趣由是卜隱於郡之東郊距於城

一舍之遠冶田園家擁高貲有產豐殖音律□

平居喜賓客歌詩以娛嘉祐六年五月初八日次

疾終無不通曉尤精於書學時賦□□□之力

有女一人適進士李公直夫人王氏居多內助之因

里人以此多之一日疾懴甚以其家賞句嶹息女憾矣

牒訴于公縥菁今得從所請夫人間之曰圎□無□

癸里人□□□一日疾懴甚以其□□□□享年五十六

即日奄然而逝時元豐三年九月初一日□葬于河南府河南縣賢相鄉杜澤

越二年五月□輌日葬于

志軶絨尾□峻嶋諸息女

何畓其季次為之銘曰

然馬家其季賢相之鄉　營荒真宅

賢相之　　　　　　　　千古之藏

晦掾泉　　粵有內助　　心陽劃有方列

里先塋

二十七、宋韋日新墓誌　元豐六年（1083）十月十三日

額篆書：宋故京兆韋君墓銘

宋故京兆韋君墓誌銘 /

進士劉顗撰。 /

進士張通書，岐山李茂刊石。 /

君諱日新，姓韋氏，鳳翔府岐山縣人也。祖先世以農為業，逮君之父，家緒亦微。 / 君能竭力養親，躬負販賈用之事，往来道途，不憚險阻。蓋以親為念，欣然未 / 嘗少懈焉。數年之後，資財稍具，遂反故里，擇闤闠而居之。取與之術，人服平 / 允。而多推惠於貧者，遂致足用矣。君之旅□南岐也，迎親而就養，以老疾偕 / 殁，權殮於僧舍。及君還，以親柩猶旅寄而不獲歸葬，居嘗不忘于懷。遂徒步 / 數百里而負歸，卜善地而葬焉，衣衾棺槨盡力而具之。鄉人識與不識，莫不 / 感說。君為人和易，操履方正，每群居衆會，端坐寡言。嘗曰：「非止致人愛憎，且 / 或觸人忌諱。」其慎如此。至於出入起居，未嘗涉邪徑，履非僻。謂人曰：「予平生 / 不欺，所欲者子孫之善繼也。」果有子曰嗣宗，自立而善幹，因以家事無巨細 / 悉委之，惟以優游頤養自適。故雖老而氣血不衰，逮於元豐四年仲春之間， / 謂其子曰：「吾肢體雖平而心蕩，但恐弗克度此歲矣。」其子愕然驚憂，泣而諫 / 曰：「大人康寧，勿言此。」及五月間，果被疾，雖醫藥備盡而纏綿弗愈。又 / 謂其子曰：「藥餌弗驗者，豈非吾之生數止此乎。季秋二十有三日者，我生之辰也，是 / 時□乃我數盡之期也。」果至是月二十有五日殁于家，享年七十有八歲。嗚 / 呼！人之行莫大於孝，守身之夲要在於言行之相顧也。至於死生之期，先知 / 者寡矣。君生事以禮，死葬以禮，孝也。語默有常，所履有法，慎言行也。先時而 / 諭終盡之期，知命也。有是三者而享永年之福，非有德者能之乎。君娶李氏， / 生子八人：長曰嗣立；次嗣先；次嗣賢；次嗣明；次嗣文；次嗣志；皆先君而亡。次 / 嗣宗，事親承家之外，又喜接賓朋之有聞於時者，此又衆人之所難也。次嗣 / 功。女四人：長幼亡；次適南氏；次適趙氏；次適劉氏。孫二人：□□□曰知彰□ / 向學而有立志。以元豐六年十月十三日葬君於建餘鄉驛店□□ / 塋之側，以李氏祔焉。予與君有交游之好，又悉君之言行。其子嗣宗固請於 / 予而求銘焉，予不獲拒，而為銘曰： /

人生顓蒙，鮮知始終。君豫告期，符節其同。 / 惠流于子，孝積于躬。不

虛不隱，永真幽宮。

　　高 56 釐米，寬 52 釐米。正書 28 行，滿行 29 字。

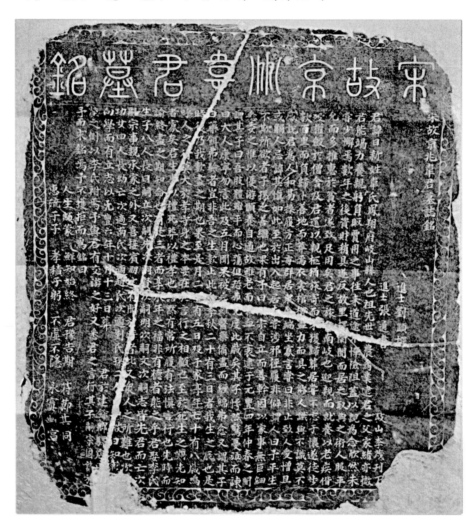

二十八、宋蔡脩墓誌　元豐六年（1083）十一月十九日

誌蓋楷書三行：宋故比／部蔡君／墓誌銘。高 76.5 釐米，寬 76.5 釐米。

宋朝奉郎、尚書比部貟外郎蔡君墓誌銘并序／

登仕郎、前河南府密縣令孫諤撰。／

姪婿、奉議郎、簽書澭州團練判官廳公事、騎都尉裴綸書。／

通直郎、知瀛州樂壽縣事、飛騎尉宋祚國題蓋。／

嘉祐八年正月，尚書比部貟外郎蔡君以疾卒于京師。後二十一年，／君之次子誼奉君之喪，以元豐六年十一月十九日葬扵潁昌府陽／翟縣舊學鄉報德里之先塋。前期，狀君行事属余銘。余嘉誼勤且有／立，為之銘。君諱脩，字子儀，姓蔡氏，古家萊州膠水。君之曾祖諱璘，／太子太傅。祖諱夢臣，贈太師、尚書令。皆以文忠公貴。文忠公諱齊，／仁宗朝實參大政，有傳國史。其弟諱高，贈太常少卿，君之父也。君／少孤，教養扵文忠公，用文忠公恩補將仕郎，守將作監主簿，累遷至尚／書比部貟外郎。歷監三司文書庫、在京糧料院、海州榷貨務、知南京宋城縣、簽書應天府／判官廳公事、監在京永富粳米倉以卒，享年四十有八。階朝奉，勳諸上護／軍，賜服緋銀魚。君性和裕，居家孝友。君之兄弟皆蚤世，而君獨／收致諸孤，愛養之甚篤。平居喜与士大夫游，而又多能與之游者，無不／相好。所歷皆以治稱，其在宿海，歲計豐羡，倍扵常入。其治宋城，誘復逃／民以萬數，而獄犴屢空。丞相盧陵劉公沆嘉其能，薦之扵朝。不幸，奪其／壽，不既其才，可悲也已！初娶張氏，封長安縣君，贈太子太師張公堯卿／之女，今宣徽南院使、太子少師、致仕張方平之女弟也。後娶張氏，封清／河郡君，故宣徽南院使、天平軍節度使張公堯佐之女也。男十人：邦基，／太原府壽陽縣令；諤、讜蚤卒；誼，休復；謐、詢、詒、敦、復、嘉，皆舉進士。孫晹、晞、／暄、煦，尚幼。銘曰：／

教之誨之，維爾伯父。撫之譽之，維予相輔。／有譴宗公，女弟以從。賢姻繼踵，旗鉞維雄。／利用長財，仌豐爾殖。實田虛囷，租繁訟息。／韓城之原，禹都之舊。從先塋西，以永厥後。／

刊者劉有方。

高 77 釐米，寬 77.5 釐米。正書 27 行，滿行 27 字。

宋朝奉郎尚書比部員外郎前河南府密縣令孫諤公撰

嘉祐八年歲正月□奉□姓婿□通直郎尚書比部員外郎蔡君以瀛州樂壽縣事飛騎尉宋君昉國事騎都尉題蓋　　　書

君之次子誼奉知瀛州團練判官廳公事　　　繪書

瞿縣爲儒學而報德里之先塋前期狀君行事屬水君忠公誼文忠公諱齊賢字師亮姓蔡氏世家葉州熙水君之父諱珣遷至尚

立爲之銘君諱儉偷字德儀蔡氏世家葉州熙水君忠公之曾祖諱璘珣且有文忠公之勤且有

太傅祖諱忠公用傳國史其常補將仕郎太常少卿君忠公貴贈太師張公昉方平之女也十人孫昉清

仁宗朝嘗參大政有傳國史其常補將仕郎守佐監葉州酒稅宿州鹽上謹君獨蓋世而

少孤教養於文院南京監三司文忠公恩在京皮角四場庫務知南京宋城縣奉天府謹君獨蓋世而

書比部員外郎南京粮料院南京粮米倉卒亨年四十有八階朝請諤君君

判官廳應公事之甚篤平居喜與士失夫游兩又多能與之游者無不稱其能萬之於朝不肯拿其邦墓

軍賜眼緋銀魚君性和裕居家孝亲常人其怖朝不肯拿其邦墓晚清

相好厲皆以治稱其在宿海歲計豐公沆嘉校常萬之於朝不肯拿其邦墓晚清

收致諸歷皆以治蠡空軒相盧陵劉公長安縣君贈太師張公党伐之女也後聚張氏封清

民不既其才可悲也已初聚師致仕使張方平之女君贈太子十人孫昉清

之女今宣徽南院使太子少師致仕張公党伐之女也後聚張氏封清

壽邵君故宣徽南院使天平軍節度使張公党伐進士孫昉

河南府壽陽縣令諡諱謨卒諡休復詢詻敦復嘉皆舉進士孫昉

太原府句銘曰諱謨卒諡休復詢詻敦復嘉皆舉進士昉清

暄映　　有題宗公　　女弟以從　　維爾伯父　撫尤譽之　　殯玆雄壟

韓城之原　　刲用長財　　二弟爾殖　　資姻維埋　　祖塋誌息　　以永厥後

禹部之儁　　禹部之儁　　從先塋西　　利害劃有分

二十九、宋宗室趙子騫夫人高氏墓誌　元祐九年（1094）二月七日

宋宗室右武衛大將軍、貴州刺史、渤海縣君高氏墓誌銘 /

翰林學士、左朝奉大夫、知制誥兼侍講、國史院修撰兼知院事兼修國史、上輕車都尉、高平縣開國子、食邑六百戶、賜紫金魚袋臣范祖禹撰。 /

翰林藝學兼書題諸宮院小學皇親字頭臣吳舜臣奉聖旨書并篆蓋。 /

夫人高氏，曾祖瓊，贈太師、尚書令、中書令、韓烈武王。祖繼和，/贈左金吾衛上將軍。父遵武，文思副使。母李氏。夫人以元祐 /八年八月歸宗室右武衛大將軍、貴州刺史子騫。十一月癸 /亥卒，年二十有三。夫人性惇慧，在父母家柔靜而和，巧於女 /功，善筆札。既嫁，事舅姑如父母，相夫以正而順，誨子以義而 /慈。貴州前夫人男女十人，夫人鞠育，一如己出，雖處室未易 /寒暑。及卒，男女號慕，哀毀如喪親姒焉。五男：曰伯應、曰伯膺、/曰伯廣，皆三班奉職；曰伯慶；曰伯廛。五女在室。九年二月己 /酉，葬河南永安縣。銘曰：/

夫人之歸，鳴雁始旦。/宛其沒矣，歲律□安。/有子十人，愛母無間。/少府監玉冊官臣趙□□刻。

高 68.5 釐米，寬 69 釐米。正書 16 行，滿行 23 字。

三十、宋長壽縣太君李氏墓誌　　紹聖元年（1094）十月十七日

誌蓋篆書四行：大宋故／長壽縣／太君李／氏墓銘。高43釐米，寬42.5釐米。

宋故長壽縣太君李氏墓銘／

右朝奉大夫、權管句西京留司御史台事徐瓘撰并書。／

右宣德郎、新知潁昌府郾城縣事楊仁寶篆蓋。／

紹聖元年八月十七日，承議郎、通判河南府潘珏至自洛口，／嘗臺糸，面有憂色。問之，母夫人疾病再宿，以不起聞，享年／七十有五。卜其年十月十七日舉而祔之先府君朝散諱／稷之墓，屬余為之銘。謹按，夫人姓李氏，宛丘人。曾祖／諱凝，贈殿中丞。祖諱道，贈吏部侍郎。父諱宗／閔，虞部郎中致仕。年二十二歸府君。方其歸也，舅／駕部郎中諱承渥適通判河南府，後二十八年而府君亡。／男四人：長承議也；林、瑜、豐，舉進士；瑜、豐蚤世。皆夫人教育／以成之也。緣承議封長壽縣太君。女五人：長適通直／郎段詢；次朝奉郎田均彥；次河中府萬泉縣主簿劉直溫；次／幼亡；次進士葉祖德。孫男八人，女六人。夫人世儒族，昆弟／姪從繼繼登科甲。以故，喜書扎，精通白氏詩。晚好佛書，見山／水秀絕之處，常欲襚俗累而居其間。性樂幽靜，蓋如此，最為／母長安縣君戚氏所喜愛。而同產弟君玉相友睦，較修旨甘，／不忍離去。長安年踰八十，又迎致子舍，以就養焉。／夫人年浸高，承議得官西都以為便。豈意捐館，乃廟見之地。／嗚呼哀哉！系之以詩曰：／

府君元培，夫人李氏。孝扵其親，友於其弟。／禮法宜家，義方教子。淵源有來，文儒苗裔。／同穴故山，藏神福地。作為銘詩，以附國史。／

河南耿応刊。

高73釐米，寬72釐米。正書24行，滿行23字。

大宋故

長壽縣

壽君李

太夫

君墓

李氏銘

宋故長壽縣太君李氏墓銘

左朝奉大夫權管句西京留司御史臺事徐瑞撰并書

右宣德郎靳知潁昌府郾城縣事楊仁寶篆蓋

紹聖元年八月十七日教議郎通判河南府潘珏以自洛口
嘗臺祭面有憂色問之母夫人疾病再宿以不起聞享年
七十有五其年十月十七日舉而袝之先府君散朝
櫻之墓屬余為之銘謹按諱道贈吏部侍郎
閭虞部郎中諱承議也夫人姓李氏究丘人
男四人長承議適通判河南府君方其歸也父諱宗
篤郎郎中諱承湮適豐舉進士瑜曾祖諱
以咸之也縣丞議林瑜夫君世皆夫祖諱
郎段詞次朝奉郎封長壽縣太君世五人長適通直
幼云次進士葉祖田君彥次河中府萬泉縣主簿劉直溫次
水霄絕之慶常歡俗黑男八人女六人夫人世儒族昆弟
妾從繼整科甲以故喜書扎精通白氏詩晚好佛書見山
母長安縣康氏所喜愛而同產弟君玉相友睦交修百甘
不忍離我長安年踰八十又迎致字含以就養焉
夫人年宴屬永議得官西都以為便置意捐館乃廟見之地
嗚呼哀我条之詩曰夫人李氏孝於其親友於其弟
府君元配夫人教子涓源有來文儒苗裔
禮法宜家義方教子作為銘詩以附圖史
同氿敲山戴神福地

河南耿庭刊

三十一、宋安恕墓誌　紹聖二年（1095）二月二十一日

宋故供備庫副使、新就差提點右廂諸監、上輕車都尉安府君墓誌銘并序／

朝奉郎、充集賢校理、權知河中軍府兼管內勸農事、兼提舉解州慶成軍兵馬巡捡公事、雲騎尉、借紫游師雄撰。／

朝散郎、直祕閣、權發遣陝府西路計度轉運使公事兼勸農使、飛騎尉、借紫張舜民書。／

朝奉郎、權發遣提點廣南西路刑獄公事、雲騎尉、借紫曹輔篆額。／

君諱恕，字仲塗，其先太原人。由君之高祖元慶仕後唐，官至驍騎將軍，徙家開封，今為開封人。曾祖贄，高州團練使、／左屯衛大將軍。祖延密，贈左領軍衛大將軍。父俊，侍衛親軍步軍都虞候、陵州防禦使，累贈大尉。惟安氏世以忠義／顯，而大尉更踐禁衛，益著勳績，國史有傳。君其第二子也，幼補三班奉職，歷左右班殿直，監河中府龍門青澗渡，以／幹力聞。用薦者監泗州浮橋、華州鑄錢監，當路者多以君為材。環慶經略使俞充辟為木波寨都監，累遷內殿崇班。／靈武之役，主帥高遵裕辟君銓擇諸將軍馬及督器具，事先眾集軍中，倚辦之。大兵既入虜境，至囉危烽、新平等縣，／糧夫數千為虜鈔奪，勢且危。適与君遇，君以驍騎擊之，虜遂退而糧獲完。改築中軍副將，至州南平，遇賊接戰，先鋒／趙戩被圍，幾殆。君出援之，會日暮，亟以輕兵擾其寨，虜為之懼，夜半遁去。大軍圍靈州，主帥督諸將築拒闉，而城上／矢石如雨，人莫敢進。君率麾下卒先越壕，直立城下，督勵兵夫負土，虜射殺君側執信旗者，眾為君懼，而君自若也。／遵裕亟召君還軍，囬至瀚海平，虜追兵既及涇原，兵馬不淂進。主帥劉昌祚遣使來告，遵裕遣君及禆將俞平以環／慶蕃兵赴敵力戰，而虜遂解。既而，多張兵勢追躡我後，時帥老無鬥志，人為之恐。君徒步仗釼於軍中，申諭號令，士／卒感激，創病皆奮。諸將練視曰：「安侠平日以儒雅聞，未嘗言軍旅事，至是，勇敢非所及也。」先是，遵裕閱諸將，獨以君／為能，凡左右前後諸部遇賊，所當應敵處，多遣君兼領之。會糧道不継，兵出無功，士多飢凍。朝廷議罰，以君／更領諸部之故，總計亡者迺倍它將，降五官。人皆歎君以材自累，而君竟不自言也。明年，環慶路副總管曲珍、鈐轄／張守約出疆拓虜，辟君都大管勾四部軍馬，苐功為多。既歸，士卒爭前而無所紀律，君首捕主將所喜者牙兵一人，／檛之殆斃。眾以為懼，君笑曰：「軍律正當自此輩始。」曲珍聞之喜，謂君有敢為氣。鄜延經略使劉昌

祚辟充准俻差使，/隸王愍，討減平軍。夜發失道，士卒前却不齊，虜據險陣
兵邀戰。軍中夜恐喧噪，君復按撫，士氣稍乏。因請益整金鼓，/嚴刀斗，廣
設疑兵以待之，虜畏不敢進。師還，以功轉一官，累遷復內殿崇班。朝廷選使
夏國者，難其人，以君/材勇素聞，特預選。時虜人不恭命，君至宥州，宣上
威德，詰辯反覆，詞氣慷慨，虜不敢抗，跪受王命。使/還，遷內殿承制，充
府界將。河東經略使曾布請戍河外斥候，經碁年，虜不入境。大臣薦其能，擢
守永康軍。秩滿還朝，/遷供備庫副使，授知龍州。未幾，就除提點右廂馬
監。朝廷方稍進用，而君以不起聞矣，年五十三，實紹聖二/年二月初四日
也。初永康嘗廢為邑，至是新復，案籍散逸，吏緣以為姦。君至，究治經月，
條理悉具，吏縮手不敢以法為玩，/民恃君為安。龍陽編户雜屬，羌性悍鄙，
多不循州縣教令，郡政苟簡不振。君至，一切繩以法度，彊猾斂迹。前後/二
州之治，獨稱呼君為最，由是知君之材，未易量也。君風度秀雅，喜讀書，頗
著論述，藏書幾萬卷。凡小家、外學、律曆、卜/筮之術，多所通究。美翰墨，
時時作詩以自娛。士人喜從其遊，而君謙嘿，未嘗以才能自矜，故人之聞君材
勇者，或未/必能知君之文雅。而人或遇君扵平居间暇者，淂見其修潔自持，
而不知君胷中之奇有可用者也。君性孝友，收卹/中外之孤于其家。好義樂
施，顧死之日，家無遺材，而開封亦未始有田庸也，人以是益知君賢。君娶羅
氏，天章閣待/制拯之女，封壽安縣君，淑德宜家，於君為有助。男五人：
植，河陽尉，玉逢兆旃□□。二女□□。以卒之年月廿一日/葬于洛陽縣北邙
之原。余昔久歷西諸侯幕府，與君會者多矣，故知君之才及世系，為之而銘，
不可辭也。銘曰：/

曄彼安氏，爰有偉人。仕于後唐，為國忠烈。/有傳其芳，屯衛領軍。矯
矯太尉，名位益振。/克壯維侯，忠義是似。衝□矢石，□□顧死。/天實不
嗇，不大其位。復艱其年，材不究試。/落落智襟，溫溫兒言。疇不謂侯，維
德之至。/胡為一朝，返彼新阡。作此銘詩，以慰九泉。/

河南耿應刊。

高 92 釐米，寬 93 釐米。正書 39 行，滿行 44 字。

三十二、宋席彥正墓誌　崇寧元年（1102）十二月十日

宋故安定席處士墓誌銘 /

朝散郎、前管勾鄜延路經略安撫使司機宜文字、雲騎尉、賜緋魚袋劉立之撰。 /

河南李處遜書。 /

君姓席氏，名彥正，字聖蒙。世居洺州之肥鄉，後遷汝上。曾祖 / 諱自南，贈兵部侍郎。妣解氏，封寶應郡太君。祖諱平，事 / 仁宗為侍御史，質直敢言，以祕書監致仕。妣賀氏，新安縣君； / 靳氏，長壽郡君；王氏。父諱延年，任太常寺奉禮郎。妣程氏、梁 / 氏。君伊川先生程正叔女兄之子，為人和厚坦夷，與物無競。 / 行己待人，一出忠信。平居未嘗見戚容慍色，中外親知稱為 / 長者。伊川先生特所知愛，妻以其女。遂留學先生之館，四方 / 從先生學者無不與君親善。居洛幾二十年，其涵濡漸漬，所 / 存蘊可知矣。紹聖四年七月十日以疾終，享年四十一。君色 / 溫而氣和，識其面者皆愛之。及其亡也，市井坐肆之人亦皆 / 嗟惜。子四人：邈，習進士業；迥，成童而卒；二幼亡。一女尚幼。嗚 / 呼！君可謂善人君子矣，而不克壽，是可哀已。其所編錄前言 / 徃行遺文逸史，有益於世教者甚多，皆未及成書。將以崇寧 / 元年十二月庚午葬于伊川韓城之西，其子求余誌其墓。余 / 與君同游伊川先生之門，知君為深義，不敢辭。銘曰： /

仁者壽，不仁者夭。天理昭然，茲惟常道。 / 仁厚如君，所享宜遐。胡為止此，善類悲嗟。 / 卜宅伊原，歸安深厚。報施無虛，宜觀厥後。 /

劉習刊。

高 61 釐米，寬 62 釐米。正書 22 行，滿行 23 字。

宋故安定席處士墓誌銘

朝散郎前管勾鄜延路經略安撫使司機宜文字雲騎尉賜緋魚袋劉立之撰

河南李處遯書

君姓席氏名彥正字聖蒙世居洺州之肥鄉後邊汶上曾祖
諱自南贈兵部侍郎姓解氏封寶應郡太君祖諱平事
仁宗為侍御史質直敢言以祕書監致仕姓賀氏新安縣君
靳氏長壽郡君王氏父諱延年任太常寺奉禮郎姓程氏梁君
氏君伊川先生程正叔女兄之子為人和厚坦夷與物無競
行己待人一出忠信平居未嘗見戚容慍色中外親知稱為
長者伊川先生特所知愛以其親善居洛樂二十年其色色
從先生學者無不與君親善
存誣可知矣紹聖四年七月十日以疾終享年四十一君色
溫而氣和識其面者皆愛之及其凶也市井坐肆之人亦皆
嘆惜子四人邀習進士業迥成童而卒二幼上一女尚幼嗚
呼君可謂善人君子矣而不克壽是可哀已其所編錄前言
往行遺文逸史有益於教者甚多皆未及成書將以崇寧
元年十二月庚申葬于伊川韓城之西其子求余誌其墓余
與君同游伊川先生之門知君為深義不敢辭銘曰
仁厚如君所享宜遐胡為止此善類悲嗟
卜宅伊原歸安深厚報施無虛宜觀厥後
仁者壽不仁者夭天理昭然兹惟常道

劉習刊

三十三、宋陳二十一郎地券　崇寧二年（1103）十一月二十日

維皇宋即有江南西道撫州崇仁縣青雲鄉新／亭里歿故亡人陳二十一郎，行年七十有五。於／今年四月二十日忽往南山採藥，路逢仙人賜／酒，醉迷不返，今葬於長安鄉嘉會里南原／上保。今用銀錢萬萬餘貫，於開皇地主邊／買得艮山庚向地一穴。其地東至甲乙青龍，／南丙丁朱雀，西至庚辛白虎，北至壬癸／玄武。上至青天，下至黃泉，中至亡人大墓。所／有墓中金銀財寶並是亡人所管，即不得／地神爭占。如有爭占，如上有勑。崇寧二／年十一月丙申安葬，牙人張堅固，保人李／定度，為書人天官道士。急急如律令。

高 42.5 釐米，寬 38 釐米。正書 12 行，滿行 19 字。

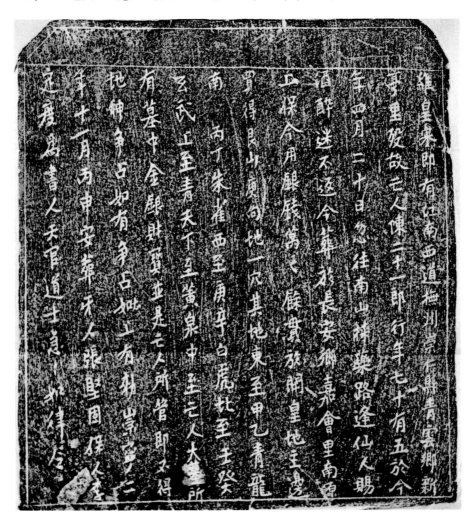

三十四、宋王竮墓碣　崇寧五年（1106）七月二十日

額正書二行：宋故王／君墓碣

宋故太原王君墓碣／

隴西李天遊譔。／

文林郎、前鳳翔府麟遊縣令、權知同州澄城縣事王時書并題額。／

君諱竮，字元之，其先卜人也。子孫官遊，僑居南北，鄠亭山水之勝，有足愛者，因徙家焉，今遂／為京兆之鄠人。曾祖諱浩，澤州團練使。祖諱欽，西京左藏庫副使。／父諱翰，左侍禁、梓峽路走馬承受公事。君即走馬第三子也。幼喪所天，卓然苦辛以／自立，悌兄孝母，垂五十年。雖生涯窶空，未嘗一日少懈。鄉閭閒交親羣幼，豪子細民，甚至扵／賢與不肖者，往往以舅呼之，其推重多有如此者。晚年氣血不衰，志節弥篤。待妻必以禮，／教子必以義。令終善始，豈非全德之君子乎！崇寧五年四月十八日寢疾，啟手足于家，春秋／八十五。君之太夫人嘗好釋氏之書，積善無厭，其壽纔過君之一焉。信乎餘慶／流光，又非朝夕所能致也。娶李氏，先君而亾。再娶何氏，稟性剛明，族稱賢配。子男三／人：長彥隆，次彥輔，皆早亾；次彥暉，幹蠱讀書，力董襄事。女二人：長適進士霍君壽；次早亾。孫／男一人，早亾。女五人，尚幼。卜以其年丙戌七月二十日己酉葬于鄠之西珍藏鄉貨泉里侯／王村新塋，以李氏祔。前期，彥暉狀君之行事丐銘於予。予即何之母姪也，義不當辭。／勉書其實，詞曰：／

有君子兮，僉曰耆德。養素丘園兮，晏然自適。壽居其上兮，既老／且佚。命考其終兮，目死為息。悲風慘月兮，眠夜臺。弔古傷／今兮，誌幽石。彼蒼蒼不憖遺兮，奈尔何。龜之靈兮，固無嫌乎窀穸。

楊英刊。

高 116 釐米，寬 47 釐米。正書 18 行，滿行 35 字。

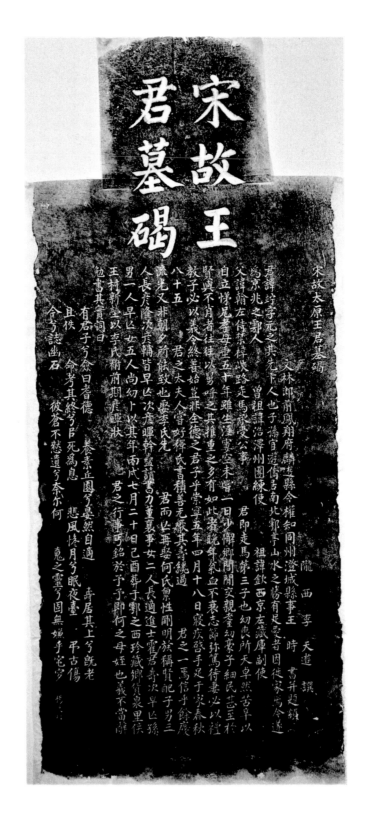

宋故
君墓王
碣

三十五、宋宗室趙仲肭夫人鄭氏墓誌　大觀元年（1107）三月二十九日

宋宗室左領軍衛將軍仲肭夫人鄭氏墓誌銘并序／

翰林學士、朝奉大夫、知制誥、兼侍講、實錄修撰、驍騎尉、南陽縣開國男、食邑壹百戶、賜紫金魚袋，臣鄧洵仁撰。／

翰林書藝局藝學，臣梁安世書并篆蓋。／

夫人鄭氏，其先出於榮陽，後有起家立于朝者，遂為京師人。曾祖化基，贈光禄大夫。／祖介，任朝散大夫，贈左中散大夫。父琥，太廟齋郎。母趙氏，韓王普之曾孫。夫人溫柔／明慧，出於天性。其行己也恭，其事親也孝。女工婦容，不解以飭。及笄，歸左領軍衛將／軍仲肭，奉舅姑盡孝，內外宗族皆得其歡心。子男三人：長士玠，次士愷，皆右班殿直，／前將軍，卒；次士軟。女一人，晬而殤。夫人嫁七年，將軍捐館，居喪哀毀，怠無生意。後三／年，服除。母憐其少，欲奪而嫁。夫人守志，誓以靡它。當是時，士軟纔四歲，夫人抱之，專／室而間居，不復出門戶。澣衣濯冠，日誦佛經，一日之中，絕葷茹者常浹日，人以為難。／夫人能安之，卒字其孤，至于成人。元符己夘，士軟以袒免親法，當出為管庫吏，乃以／右侍禁添監信州玉山縣酒稅。具板輿迎夫人之官，夫人欣然就道，跋涉川陸，不以／遠為勞。曰：「吾既有子，又有禄，夫復何憂。」既至，裁處家務，咸有法。御其子，嚴而不苛；／訓其婦，晨昏必於禮節。閨門儀儀，若公府然，子婦皆能奉承之。士軟公勤廉慎，閱三／考無瘝官，又能從有道之士而問學焉，夫人蓋有以迪之也。崇寧癸未春壬寅，感／疾却常膳，遽召其子及婦，隱几而告之曰：「吾生四十有三年，以其數考之，則未也。然／筋疲力憊，啓處艱勤，決不能久於世。汝等勉旃，內外之事皆如吾生。斂以時服，速還／吾鄉。喪葬取足，無以奢侈為汝等累，汝其志之。」子婦齎咨涕洟，再拜奉命。後三日甲／辰夕，雍衾趺座，盡啓家人告戒畢，瞑目而逝，若安寢然。男女孫各一人，未勝衣。以大／觀元年三月二十九日葬于河南府永安縣。銘曰：／

猗歟夫人，守義靡匿。稽之國風，斯謂有德。刻詩誌幽，／萬禩之則。／

少府監玉冊官，臣張惟幾刻。

高 74 釐米，寬 73.5 釐米。正書 24 行，滿行 32 字。

三十六、宋徐斌墓誌　大觀二年（1108）正月十日

額正書：宋故東海徐君墓銘

宋故東海徐君墓誌銘／

隴西李英俊書。／

君姓徐氏，諱斌，無字。其先襄垣上窑人也，素以農田為業。至扵曾祖，樂為商販，／因徙上黨瓦務村居焉。自是子孫世世治生，不改其業。曾祖、祖竝亡諱。考諱斌，／妣王氏，皆享樂終命。君生而性質長而氣直，然汲汲扵謀利，常事親之孝勸，／待友之信，雖知禮義之人亦未有能全者也。或遇救親戚貧困危難，苟力未及，／至於輟飲脫衣而奉之，則曾無憚。若此為心，與夫趣利舍義之輩，豈可一時而／語之耶。及乎治家訓子，身尤謹而用至節矣。時俗鄉巷婦人多相娶，首諷浮屠／士之教者。夫孝子百行之卒、五嘗之宗，故自天子至於庶人，孝無終始而患／不及者，未之有也。且天子則曰虞舜，庶人則曰曾參。今孝子徐信竊比虞舜、／曾參之孝，思父母之劬勞，鞠育之恩，稼穡艱難之業。故思厚葬，以乃報焉。信／娶李氏，生三男一女。長曰讓，娶李氏，生三男一女：長曰孫諱政；次伴叔，以享壽；／次福興，亦以享壽；女適侯準。再娶佶氏，生一男七兴。存者孫曰政，次曰七兴。政娶／常氏，生一女一男：曰巧，見在室；次閏九，定李氏。次弟諱慶，娶張氏，生惟存者三／男一女：長曰受，娶宋氏，生一女曰奈驚；次矣哥，定崔氏；次隨哥；次偎姐，在室。次／弟諱德，娶王氏，生一男一女：長曰六斤；次四姑，女適武全。嗚呼！君唯三子，幹父／之蠱，肖父之風。及父之亡，慮以自身不能長保，遂質日者利，以大觀二年正月／十日辛酉之吉，將葬府城西南原太平鄉崇仁里之先塋也。扵是讓持君行／狀泣血乞銘於余，余憫人子勉力喪事，具其葬禮，義不可辝，而系之以銘，銘曰：／

人之善惡，在乎所存。君積細行，終身後聞。／性不回邪，心能惻隱。輟己遇人，近乎不忍。／囊無十千，家唯三子。樂以養生，哀以送之。／摭實為銘，刻珉誌壙。慶及厥後，世世受祝。

任道儀刻。

高 70 釐米，寬 51.5 釐米。正書 23 行，滿行 3 字。

宋故東海徐君墓誌銘

宋故東海徐君墓誌銘

隴西李葵俊書

君諱□，徐氏，蓋藏照乎其先襄垣上蜜人也，素以農田為業，至於曾祖樂為商販，因徙上黨危務卜居馬，世世治生不改其業，育祖祖益亡諱芳，諱□之孝勤。感此王氏甘享樂終命，君生而性質直，悃汲於謀利，常事動之，末及。待友之信，雖知禮義之人，亦未有歉者也，或嗣教觀感頁困難苟力末及。至於輕飲剋孔而奉之，則曾無憚若此為心也，與大趣利含義之相宜，可一晴而屠，不及曾思耶，及于治家訓子身，尤謹而用至公，則曹參之持辦人，浮屠。語之者秦思黑父母之劬勞鞠育之恩，擠牆艱難之業，故思厚韓以事奉信□，士之教者，有也，且天子則曰虞舜之宗，人則曰曾參，今孝子徐□。

娶李氏生三男一女，長曰誠，娶婁信氏，次一男七興，長曰孫，諱政，次叔存者，存者三，男一女，適侯再娶佶氏生一男哥定矣，次崔氏，次慶婁張氏，慢哥君唯三子，幹父。常氏生福興，女長日見在室，次一女曰奈萬，次女適武全，以犬觀二年正月持君行。

男一女長日驟婁宋氏之室，一女長曰六，所次長者遠實日者也，利以共是讓之以銘。

諱德婁之瓿及父之亡，閬人子危力在喪事，其葬禮義不可諱而求之以銘曰。

狀十之弟男
立日弟肖父
血辛盡德氣
囊酉氣之鉉
無西銘爪於
十血於余間
十人余閬人
性之閬人子
不善人子危
回惡子危力

刻珉誌壙
家惟三子
撫質為銘
樂以養生
慶及厥後
哀以送世
世變受貺

任道儀刻

三十七、宋張夫人墓誌　大觀二年（1108）正月十六日

宋故仁壽縣君張夫人墓誌 /

仁壽縣君張夫人，守司徒諱去華之曾孫，兵部侍郎諱 / 師錫之孫，中大夫諱景伯之女，故都官貟外郎李公諱 / 景融之繼室也。都官公始葬開封，其子緒將遷於河南 / 府河南縣龍門村，以夫人祔，乃使羽誌其墓。羽以謂自 / 墓有銘誌以來，多虛美溢譽，務為高談，婦人之誌為 / 甚，故書其事者每以言為愧。夫人，羽姑也。其平生無所 / 愧，故能使書之者亦不愧。扵是誌之曰：張氏，世為洛陽 / 大族，家法先孝謹。夫人事母亦孝稱，終母喪，年二十五 / 廼出適。其脩身治家，和輯宗族，率以仁愛為本。視前子 / 加厚，過己出遠甚。下至臧獲，能閔其勞，得其驩心。鄉閭 / 有憂患者，聞必悽惻。都官公家素貧，熙寧初，自安嶽太 / 守歸，捐館，貧益甚。夫人挈諸孤来河南，盡袞餘貲，以嫁 / 前子。由是家四壁立，人視之不堪憂，而夫人怡然無所 / 憾。寡居杜門幾三十年，遣子就學，教諸女以婦道而已， / 他有無不恤也。元符元年四月庚辰卒，壽六十四。三子 / 曰綱、續、緒，綱、續先卒。五女，其四人適通直郎王益，進士 / 周鑄、張革、錢邈，其一蚤卒。葬之日，寔大觀二年正月丁 / 卯也。姪張羽謹誌，從事郎張植書石。霍奕刊。

高 55.5 釐米，寬 56.5 釐米。正書 19 行，滿行 21 字。

宋故仁壽縣君張夫人墓誌

仁壽縣君張夫人门司戎諱去華之曾孫兵部侍郎諱
師錫之孫中大夫諱景伯之女故都官員外郎李公諱
景融之繼室也都官以夫人始貺開封遷於河南
府河南縣龍門村乃明誌其墓刑以謂自
墓有銘誌以來多歷歲月務為高談而婦人之誌為
甚故欲書使書之者亦不愧於是誌之曰張氏世為洛陽
愧於欱狀其事每以言為愧夫人羽姑也其平生無所
大族家法先等謹母喪年二十五
加厚通其儕身治家和朝宗敬率以仁愛為本視前子
也出遇己迭下至臧獲閨其勞得其驩心卿閨
有憂惠者聞必惻都官家業資於安初自
守縣揃館貧甚夫人早諧孤來河南盡餘貲以嫁
葡子由是家四畛立視之不謹憂而夫人怡然無所
憾憂居杜門幾三十年遣好就學敎諸女以婦道
他有無不恊无年四月庚辰卒壽六十四三
曰綱績綢繆克率五女其四人通真郎王益進士
卯也姪張草篲邀其一爰卒之日延大觀二年正月丁
鐫張鋑扞謹誌從事郎張植書石

三十八、宋趙子騫墓誌　大觀二年（1108）十二月二十七日

宋宗室右金吾衛大將軍、沂州防禦使、贈安武軍節度觀察留後、追封信 / 都郡公墓誌銘 /

翰林學士、承議郎、知制誥、充學制局同編修官、兼實錄修撰、賜紫金魚 袋，臣葉夢得撰。/

翰林書藝局藝學，臣張舜卿書并篆蓋。/

公諱子騫，字行脩。曾祖守巽，贈武成軍節度使，追封楚國公，諡僖安。祖 / 清，贈安化軍節度使、開府儀同三司，追封虢王，諡恭安。考令廓，贈開府儀 / 同三司，追封越國公。母金城郡君魏氏。嘉祐六年賜名，授率府副率，遷率 / 府率、右千牛衛將軍、右監門衛大將軍。/ 上即位，以右金吾衛大將軍為濠州團練使。八寶慶成，遂以前官 / 為沂州防禦使，勳上柱國，爵天水郡開國公，食邑四千三百戶，食實封壹 / 阡戶。公少端確，無玩游之習。處宗族和而有體，人不間於昆弟之言。先是，/ 越公薨，公哀慕弗勝。未旬浹，一日方泣而仆於地，亟扶掖即臥內，僅甦。翼 / 日，金城往問起居狀。公仰視復泣，一慟而絕，大觀二年五月九日也，年四 / 十九。詔贈安武軍節度觀察留後，追封信都侯。初娶郭氏，封萬年縣君。再 / 娶高氏，封渤海縣君。皆前卒。子十人：伯應，左班殿直；伯膺，右侍禁；伯廣，左 / 班殿直；伯慶，右班殿直；伯㤗、伯玨，皆三班奉職；伯林，未仕；伯應、伯㤗與未 / 名之三人早亡。女十五人，以進士李選、郭藻、張令誘、李執中為婿，其適郭 / 藻、李執中與未嫁者四人亦早亡，餘在室。孫男三人、女一人，並幼。卒之歲 / 十二月二十七日，葬河南府永安縣。銘曰：/

莫大惟孝，莫重惟死。以死循孝，/ 是為人子。安武之節，信都之封。/ 煌煌有輝，尚慰幽宮。/

少府監玉冊官，臣蹇思刊。

高 81.5 釐米，寬 77 釐米。正書 24 行，滿行 28 字。

三十九、宋黃氏墓誌　政和元年（1111）十月七日

額殘

宋故黃氏夫人墓誌銘 /

應鄉貢進士勃海吳煥撰并書篆額。 /

夫人黃氏，豫章豐城人。曾祖諱杲，祖諱巽，父諱仁槩，皆潛德抱道，遯邱園之高，為隱君 / 子。夫人稟性純静，為事淑慎。先適富城甘君，早逝。再適同郡甘君諱良。甘君賦性謹 / 厚，操行端潔，智謀過人。復家力殷厚，卒致為配。夫人既歸，親箕箒職，承事舅姑，恭欽孝 / 愛，克盡婦道。治家勤儉，稼穡艱難之事，罔不備知。俾甘氏之財產倍越異時，大為饒富，兹 / 乃內助為多。甘君於元豐中以疾終，夫人乃從諸子同治服，而營葬於龍坪。夫人 / 其事夫義以順，其教子孫愛以均。資雖厚而節儉不忘，身可逸而憂勤是念。相識里 / 閭間其或不給，則喜為之賙急。宗族姻戚聞有喪者，則不御酒肉，盡哀乃止。治內正 / 直，皆有條序。居卑尊間，無不順適。以至歲時節序，內外親識慶賀滿門，交稱其德，悉 / 取夫人以為法式。既及莫齡，耳目聰明，身體強健。噫！夫人可謂五福全備者矣。甘君 / 先娶何氏，生子仁珣，夫人撫之如己出。仁珣早逝，夫人盡哀，宗族稱道。夫人二子：長曰仁琪， / 早逝；次曰仁珂，為人沉静厚重，志量宏博，乃克家子也。女一人，適范氏，亦早終。男孫六 / 人：曰讜；曰達；曰澤；曰茂；曰興世；曰興礼。曾孫十人。夫人以大觀二年七月十六日疾終於 / 寝，享年八十有六。葬以辛卯政和元年十月庚寅朔初七日丙申，卜宅于天坑之原。 / □期，夫人男仁珂泣血走書，以夫人之行狀告予乞銘。予乃縲夫人之寔而為之銘： /

淑哉夫人，德行為早。既歸宜家，克昌婦道。富壽康寧，况及考终。 / 厥聲惟懿，咸頌□□。□內之正，人多法式。垂後之美，賢子令孫。 / 埋詞以銘，用永□□。 /

辛卯政和元年十月一日立石，刊字甘琮潤。

殘高 92 釐米，寬 62 釐米。正書 20 行，滿行 32 字。

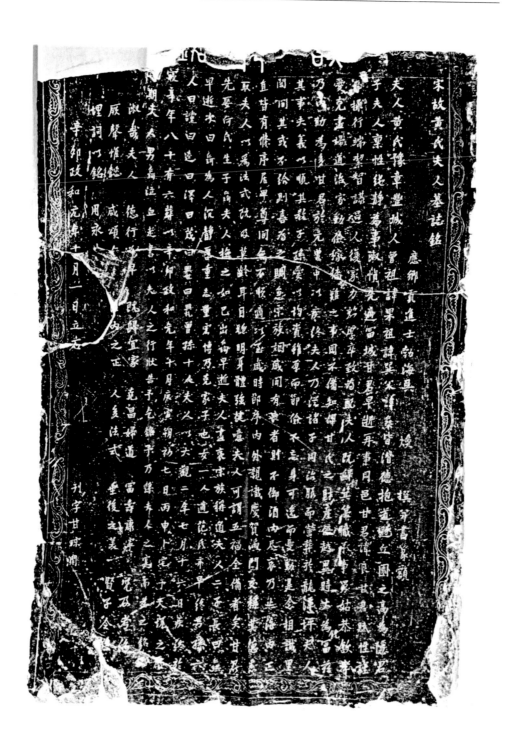

四十、宋李昌世墓誌　政和四年（1114）正月二十日

宋故皇城副使、前知慈州軍州兼管內勸農事、上騎都尉李公墓誌銘并序 /
奉議郎、監潭州衡山南嶽廟許光弼撰。 /

弟朝奉大夫、直秘閣、權發遣同提舉成都府利州陝西等路茶事、兼提舉陝西等 / 路買馬監牧公事、借紫金魚袋昌孺書丹。 /

朝奉大夫、降充顯謨閣待制、知鄆州軍州提舉學事、兼管內勸農使、充京西南 / 路安撫使、賜紫金魚袋許光疑題蓋。 /

公諱昌世，字子京，其先太原盂縣人。高祖諱謙溥，與 / 藝祖有布衣之舊，周顯德中、國朝建隆初，三守隰州，拓定功最，賜第京師。終濟州團練使， / 贈太師、中書令、尚書令，後世卜葬于洛，今為河南人。太師生寧州防禦使、贈太尉諱允則，是為 / 公之曾祖。太尉生右千牛衛上將軍、贈左金吾衛上將軍諱中吉，是為公之祖。金吾生左侍禁、 / 贈左領軍衛大將軍諱昭凝，是為公之考。太師、太尉功在王室，傳列國史，繪像於 / 熙文、美成殿，迹其功烈成紀，下邽之流不足進焉。公少孤，鞠於金吾，嶷然自立。嘉祐四年，以金 / 吾任補三班奉職。迄崇寧四年，用覃霈，賞典年勞，凡十三遷至皇城副使，積勳自武騎尉， / 五遷至上騎都尉。歷監解州聞喜縣鹽稅、鳳翔府甲仗庫、華州鑄錢監，通遠軍永寧寨、曹州定 / 陶縣兵馬監押，遷開封府界第二副將、河北第五副將，就除第十二將，擢知火山軍，徙隰州、慈 / 州。初，當塗交薦，朝廷知公可用，遂自內殿崇班借使名，接伴大遼使，繼充國信副使。北人 / 見公容貌甚偉，問其世系，知其為太師之元孫、太尉之曾孫也。太尉守瓦橋十四年，北人畏憚， / 餘威令名，凜凜尚存。屢以當時事問公，公應答如響。及錫燕命射，引滿中的，北人駭服，曰：「此名 / 將世家也。」元豐甲子，公待次里居，會大霖雨，伊洛交漲，夜圮河南城，城中被患者十七八，扶老 / 攜幼，奔迫逃避。公居第據高，開門延納之，賴安全者甚眾。火山給散郊賞，戍兵詢詢，謂物 / 輕估重。公乃令分甲立長，已而獨召其長付之，且諭以朝廷恩信，於是眾皆帖然。太師昔 / 在隰，隰人戴德，咸稱為父，既去見思，乃圖其像於郡之乾明觀，以時奉祀，久而益嚴。崇寧三年， / 公被詔領是邦，與太師相望乎百有餘年之間。進拜於庭，咨嗟涕洟，顧左右給使，皆故家 / 子孫，往往能傳導其事。隰人榮之，願新祠宇，公從其請。光弼弟君謨，時為殿中監，為書其事，以 / 慰邦人無窮之思，而邦人安公教令，蓋亦如太師為守時也。嘉祐

末，金吾嘗守慈。公至，專以前 / 人為師，務在鎮靜不撓而已。公賦性莊重，平居如不能言。為將練兵，大槩合古兵法。治郡愷悌，/ 推贊禮士，所至以勸學務農為先。至與賓客燕集，則侃侃不倦，類能盡其歡心。嗚呼！可謂無愧 / 扵先正矣。政和二年八月初二日以疾終，享年六十有六。娶尹氏，侍禁仲卿之女，封晉安縣君，/ 治家有法，公存歿有賴焉。子男二人：長安民，保義郎；次安憲，早卒。孫男二人：紹修、紹攸。重孫男 / 一人：康之。晉安率諸孤，以政和四年正月二十日舉公之柩，葬扵河南府河南縣龍門村南鄉 / 里先塋之次。前期來請銘，光弼與公里闬親舊，而君謨弟又嘗薦公，義不可辭。銘曰：/

有偉李公，勳德世臣。抗義矯矯，育德恂恂。儐爾賓客，/ 束帶與言。使不辱命，載宣王靈。火山給賞，部勒解紛。/ 隰慈追紹，惠愛在民。殆將遠駕，撝跡前人。天曷不相，/ 遽從九原。有室善配，有子善承。墓栢青青，鑒于英魂。/

光弼填諱，刊者張士寧。

高 96.5 釐米，寬 96 釐米。正書 36 行，滿行 36 字。考釋文章有陳朝雲：《北宋李昌世及夫人尹氏墓誌銘研究》，《史學史研究》，2019 年第 3 期。

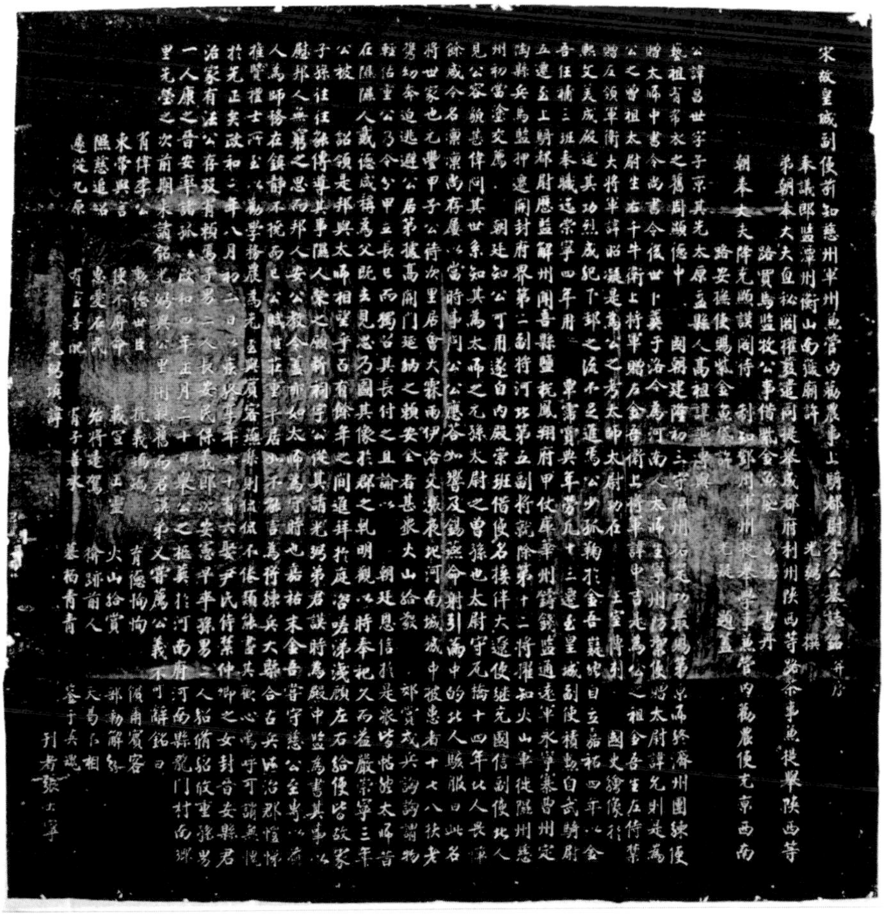
宋故皇城副使前知慈州軍州兼管內勸農事上騎都尉李公墓誌銘并序

四十一、宋馬旻墓誌　政和四年（1114）三月二十二日

額正書兩行：大宋馬／府君銘

宋故扶風馬府君墓銕銘／

君諱旻，上黨屯留人。距邑之西四十里，有聚落曰中吕，扶風馬氏世占籍此土。曾／祖二翁男註皆晦迹不仕。君少勠力恭勤，与兄宣朝又咸慕宣尼之術。然而／孤生蓬蓽，劾歸去之田園；立治詩書，志儻來之軒冕。不幸妖縈疽瘵，倏尔繼／身，享年六十六，政和三年癸巳歲十二月十六卒。先娶路氏，生男一人曰順，娶石泉張智／女也。女三人：長適杜村常亮；次適吳寨岳進；季適任村劉進。孫男二：長曰十一姑；次／曰十二姑。孫女一人，在室。元祐元年八月八日，繼娶杜村李氏，善嚴家訓。君於政和／四年三月二十二日合葬先夫人路氏於隆德府屯留縣積豐鄉中吕里之西北原，／祔詣先塋，禮也。鴻實牛氏，隴西郡上潞城東禪里人，淺瞢曲學，安敢發／奮炎暉。顧其子顯區區之請，又以君素与先祖善，將以德行亘千齡，／垂不朽矣。君性和厚謙勤，氣兒魁偉，少穎悟，溫則才智腐於心智。／若馬君也，可以榮莊椿，齊彭壽。使後世光顯門閭，敷楊前烈耳。／舜賓苗氏，故石泉里人，貢府試與實相愛。二人共讚為詞，鴻實／書之。然亦素衣之試，掛劍之義也。録其本末，而為銘曰：／

學至乎穀，命不及禄。於戲斯人，少思寡欲。／高軒玄冕，願篤尔遠。甕牖桑樞，願篤尔俱。／家成中吕，清風栩栩。窀穸西原，偉福翩翩。

高 67.5 鳌米，寬 45 鳌米。正書 17 行，滿行 31 字。

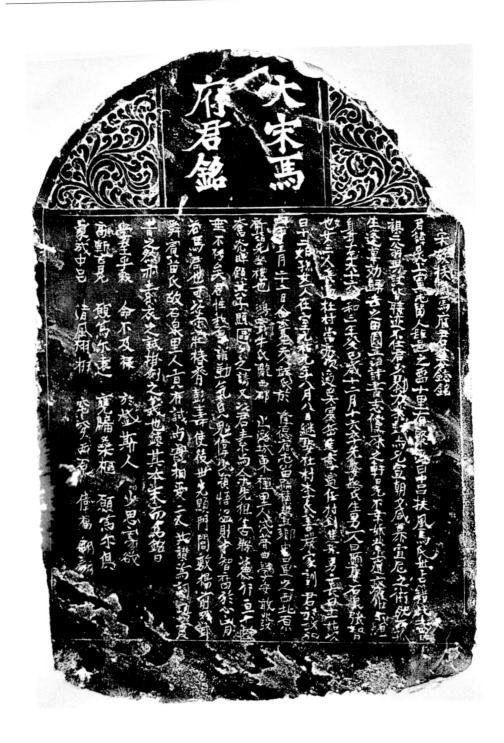

四十二、宋方氏墓誌　政和七年（1117）十二月八日

額篆書：宋故方氏墓銘

宋鄭府君妻方氏墓誌銘 /
姪奉議郎、新差充睦親宅宗子博士俊民撰。 /
朝奉郎、通判宣州軍州管句學事、兼管內勸農事、借緋魚袋陳亨仲書。 /
朝散郎、守尚書右司員外郎、兼聖政錄編修官王禮篆。 /
夫人方氏，伯父諱經之継室，前伯母之姊也。曾祖軒、祖士金、父義，世為信之貴溪人，/ 晦跡田里。鄭與方鄰壤，姻婭累世。夫人初適黃氏，中年喪厥良，伯父必欲淂再儷。以 / 天鍾靈淑，於是將其視姊妹之子，用心壹也。既歸，逮執巾櫛于厥姑，上承下字，以當其 / 夫之意者。恩禮毌違族黨，宜之中外矜式。不幸，踰年而伯父亡。悲惋自失，每歎初心 / 之負墮也。伯父四男子：曰澤民、安民、厚民、佑民，志儒力穡，不墜先世之遺訓。凡所 / 以薦蘋蘩、奉箕箒者，諸婦以次庀職，夫人第視其成。日安甘旨之奉者，三十餘年矣。 / 其子若孫，旁及髫童、笄女，寂無間言。姆訓女誡，居常誦憶。言論引據，能豁人智腑。賓 / 接凝重，有禮法。雅好奉佛，篤信因果報應之說。人有犯義以逞者，必曉譬禍福曰：「第 / 勿爭，彼昭昭者在上，是可欺也耶！」臨終七日前，卻葷味。家人強之藥食，曰：「吾年七十，/ 就木其時也。」一旦，沐浴，取新衣一襲服之，念西方阿彌陁佛數聲。兒女環而哭，又 / 命賡誦之曰：「吾今往此國土，速取淨水一盂。」三噀而暝，意其一念不墮落流轉境，如 / 得法人示寂云。時政和七年六月十四日也。在黃所生二男子曰中立、中孚，一女嫁 / 方氏。黃與鄭通家，其子能自撿飾，生理滋殖，夫人始終有助也。將以是年十二月初 / 八日葬于邑之永和鄉葉家原。窆之前，兄安民以夫人之行應銘，而謂俊民為可屬 / 辭，乃叙而銘之曰： /
昔有破句讀經而悟佛乘，目不識字而傳心法。則知夫人之曉達去住，奚 / 假參學生也。身行死也心了，母慈婦婉更無異道。吁嗟！夫人浩劫可欽。 /
上饒陳公慶刊。 /

高 80 釐米，寬 57 釐米。正書 22 行，滿行 32 字。

宋故方氏墓誌銘

宋郷府君妻方氏墓志銘

姪奉議郎新差充睦親宅宗子傅□　　俊民撰
朝奉郎通判宣州軍州管句學事兼管內勸農事借緋魚袋陳□寺□書
朝散郎守尚書右司員外郎□　聖政録編修官王褆篆

四十三、宋李昌世夫人尹儀墓誌　宣和二年（1120）七月十一日

宋故武功郎李公安人尹氏墓誌銘 /

河南尹焞撰并書。 /

承議郎、河陽司兵曹事王德久篆蓋。 /

政和七年九月二十一日，武功郎李公安人尹氏卒扵河南府嘉 / 善坊私第之正寢，卜以宣和二年七月十一日己酉，葬扵河南縣龍門 / 村南鄉里，祔武功之墓，禮也。其孤前期請銘扵余，焞實安人之族 / 弟，自幼時安人愛憐異甚，以至擇婦氏，率安人之力。苟以名 / 德不令，不昱以發潛德之幽光為辭，是負泉下之人矣，輒泣而叙之。 / 安人諱儀，字靚之，其先河南人也。曾祖諱節，不仕，樂散施，以義氣自許。 / 與人游處，動息持規矩，卑意謹慎，以是當世貴人多與之接，余叔祖龍 / 圖公泳誌其墓。祖諱宗泳，終右侍禁。父諱仲卿，終左侍禁。母于氏。 / 安人幼以孝稱，慎擇佳配，長歸李公昌世。李公幼失怙恃，左金吾衛上 / 將軍諱中吉者，公之大父也。訓飭甚嚴，公能激昂自立。既仕，濅為 / 朝廷知名，領將兵典方州，安人內助為多。安人事金吾及祖 / 姑魏夫人尤盡禮。治家有常法，其飲食器皿必精以旨，所止居舍必潔 / 以完。李氏，洛陽大族，家踰千指。安人上承下順，內外姻族，無不得 / 其歡心，曾無間言，其賢矣哉。李公升朝，封晉安縣君。政和更制，改授 / 安人。元祐中，大丞相劉公摯之夫人即安人之表姑也。遇 / 興龍節，以恩賜冠帔，鄉里榮之。享年七十有三。男四人：安上、安持、 / 安憲，皆早亡；安民，保義郎，不樂仕進，終安人之養，不忍去左右，是 / 亦人之難能，豈安人之教然耶？孫男二人：紹脩，前安人一歲 / 卒；次紹攸。曾孫男三人：康之、廣之、廓之。曾孫女一人：應之。皆幼。銘曰： /

嗟唯安人，溫靜謙恭。作配君子，宜室家兮。 / 象軸錦囊，告命之寵。福壽俱高，有德招兮。 / 南山蒼蒼，伊水洋洋。期千萬年，安此藏兮。 /

袁异、王淵刊。

高 56.5 釐米，寬 55 釐米。正書 26 行，滿行 27 字。考釋文章有陳朝雲：《北宋李昌世及夫人尹氏墓誌銘研究》，《史學史研究》，2019 年第 3 期。

宋故武功郎李公安人尹氏墓誌銘

河南尹愽撰并書

承議郎河陽司兵曹事王德久篆蓋

安人尹氏卒於河南府嘉善坊私第之正寢卜以宣和二年七月十一日己酉葬於河南縣龍門村南鄉里祔武功之墓禮也其孤前期請銘於余愽實安人之族第自幼時祔武功之變慟異甚以至擇婦氏率以名德不令不足以發潛德之幽光為聲於之人矣輒泣而敍曰

安人諱儀字靚之其先河南人也曾祖諱不仕樂施以義氣自許與人游履動息持規矩畢意謹慎以是當世貴人多與之接余叔祖龍圖公沫知名領將兵者福長婦李公幼失怙恃左待禁母于氏

安人幼以孝稱祖宗泳終右待禁父諱仲卿終左待禁安人助為多與之接余叔祖龍

姑魏夫人尤盡禮治家有常法其飲食器皿必精以言兩止居舍必潔

朝廷知和名領將軍諱中吉者擇佳配長婦李公幼自立既仕澧為安人事金吾及祖

安人元祐中大災相劉公摯之夫人即安人之表姑也遇安人上永下順內外姻族無不得制改授

其歡心曾無間言其賢矣李公不樂仕進終然耶孫男二人紹俗前女一人應之皆幼

安憲皆早上安民保義郎不樂仕進終然耶孫男二人紹俗前女一人應之皆幼

亦人之難能豈安人之教然耶孫男二人紹俗前安人一歲是

卒次紹俶曾孫男三人康之廣之廓之曾孫女一人應之皆幼銘曰

嗟唯安人溫靜謙恭作配君子宜室家焉有德招芳福壽俱高期千萬年

南山蒼蒼伊水洋洋安此藏兮

袁异王潤刊

四十四、宋曹氏墓誌　宣和三年（1121）正月二十五日

宋故孺人曹氏墓誌銘 /

夫趙郡李曦撰并書。 /

孺人姓曹氏，生慈聖光獻后家。曾大父佺，同州觀察 / 使、贈開府儀同三司。大父謹，左藏庫副使。父時，承直郎。母 / 趙氏，韓王普之曾孫女。孺人蚤失所恃，事繼母孝，篤愛兄 / 弟，無間言。年十八，歸於我，為朝請大夫致仕伋之仲婦。治 / 家有法，閨門以肅。性警敏，不少下於人。人有謂善，每期 / 於 / 同而後無歉。生二女，無子。予為取從弟普之子宗賢以養， / 鞠育如己出者。逮予通藉，封孺人。政和戊戌，其父沒。未 / 逾年，遭舅喪，仲弟且死。哀瘁不自勝，竟致疾以卒，宣和己 / 亥九月十三日也，享年三十有四。予家至貧，生二十六年 / 而娶。娴而仕，所賦方魯，不能俛仰阿徇，動多迕物而疎於 / 機心。孺人出戚里，甘素約若固然。及親賓相徵逐，曾莫見 / 有闕。與予言從容，必戒以周慎。故居官保身，僅得為完人， / 實有助也。當病革時，狂不知人事。一日，復能以身後諉予， / 與兒女訣。以至衣衾之具，皆自身處，無一語亂。越翼日，乃終。 / 嗚呼！其狂者，疾也；其不亂者，識也。識苟不亂，雖日生可也。 / 辛丑正月二十五日，葬其姑宜人王氏，舉以祔焉。銘曰： /

人孰無生兮，爾生克蠲。人孰無死兮，爾壽惟慳。 / 闇則是修兮，予賴以全。中道而逝兮，舍予以先。 / 丹青留像兮，平時之顏。聲音在耳兮，永訣之言。 / 宅兆協吉兮，龍門北原。徃從爾姑兮，何千萬年。 /

雷沂刊。

高 54.5 釐米，寬 54.5 釐米。正書 23 行，滿行 22 字。

宋故孺人曹氏墓誌銘　夫趙郡李曠　撰并書

同州觀察

孺人姓曹氏生　慈聖光獻后家曾

使贈開府儀同三司大父謹左藏庫副使父時承直郎母

趙氏韓王普之曾孫女孺人蚤失所恃事繼母孝篤愛兄

弟無間言年十八歸於我為朝請大夫致仕仮之子宗賢以未

同而後無言以肅性警敏不少下於人有謂善每期於

家有法閨門以肅生二女無子予為孺人政和戊戌其父和己

己出者遠予通籍封孺人竟致疾以卒宣和己

鞠育之如己出遠予通籍故居官保身僅得為完人

逾年遭舅喪仲弟且死哀耀不自勝竟致疾以卒

亥九月十三日也享年三十有四予家貧生二十六年

而娶娜而仕所賦方魯不能傯俛阿徇勤多遷逐莫見

機心出戚里甘素約若固然及親賓相微物而踈於

有關與予言從容必戒以周慎故居官保身僅得為完人

實有助也當病革時狂不知人事一日復能以身後護予

與兒女訣以至衣衾之具皆曰處無一語亂越日乃終

鳴呼其狂若決也其音識也識苟不亂雖曰生可也

辛丑正月二十五日葬其姑宜人王氏舉以祔焉銘曰

人孰無生芳爾壽惟懌中道而逝芳舍予以先

閒則是修芳予賴以全聲音在耳芳永訣之言

丹青留像芳平時之顏往從爾姑芳何千萬年

宅兆協吉芳龍門比原

雷沂刊

四十五、宋朱□娘地券　宣和五年（1123）八月二十九日

維皇宋建昌軍南城縣太平鄉□／石保即有亡人朱□娘行年四十二歲，忽被／二鼠侵藤，四虵俱逼，命落黃泉，蚩歸冥／道。生居浮世，死還棺槨。今用銀錢九千貫，於／開皇地主边永買得土名蕭家源申山甲向地／一穴，□歲次宣和五年八月二十九日安葬。其／地東止甲乙，南止丙丁，西止庚辛，北止壬癸。上／止青天，下止黃泉，中心下穴為亡人万年家宅。／澄益子孫，代代富貴。四止內珎寶，係亡人所管，／兇神惡鬼不得爭占。如有此色，分付七十二神、王／子喬、丁令，勑先斬後奏，急急如律令。／保人張堅固，見人李定度，書人天官道士。

高 41 釐米，寬 37 釐米。正書 12 行，滿行 18 字。

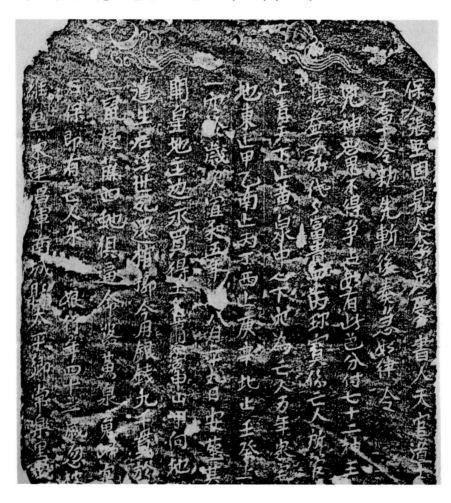

四十六、宋范模地券　　紹興五年（1135）十一月一日

額正書：范公器先地券

維宋紹興五年太歲乙卯十一月庚午朔日，謹／有洪州豐城縣大順鄉藍山里富常保亡人／范二十郎，諱模，字器先。辛亥生，宣和辛丑，因染／病，命謝浮世，時二月十八日也。今於本縣本鄉地／名管財坑，用錢財詣五土冥王、開皇地神買得／亥山丙向地，安厝宅兆。東止青龍，西止白虎，南止／朱雀，北止玄武。內方勾陳，分掌四域。丘丞墓伯，／分步界畔。道路將軍，齊整阡陌。千秋永歲，／悉無殃咎。四止之內，或有古跡神壇，前亡後化，／不得妄有爭占。若輒干犯訶禁者，將軍停長／收付河伯。財地交相分付，工匠修塋安厝已後，／永保休吉。知見人歲月，首保人今日直符。故氣／邪精，不得忤怪。先有居者，速避萬里。若遺此／約地符，曹吏自當其禍。孝家內外存亡，同皆／安吉。急急如律令。

高 48 釐米，寬 41 釐米。正書 15 行，滿行 17 字。

范公器先地券

安吉急急如律令

鈞地符曹吏自當其禍孝家內外存二同皆

神精不得忏怪先有居者速避萬里若遺此

永保休吉知見人歲月首保人今日直符故氣

收付可伯財地丞相分付工匠修塋安厝已後

不得妄有多占若輒干犯訶禁者將軍得長

怱年殃咎四止之內或有古跡神壇前工後化

朱雀比止玄武为方勾陳分掌四域五丞伯

分歩界止　路將軍擘整所阡千秋永咸

玄山内向地安厝宅兆東止青龍西止白虎南止

名管財玩用錢財請五工頂王開皇地神覺得

病命謝浮世時二月十八日也今於本縣本鄉地

范二十郎辟模子器先平生宣和辛田因染

右其州豐城縣大順鄉藍山里高市保一定

維宋紹興五十大歲己夘土月庚午朔日謹

四十七、宋陳四十五郎地券　紹興二十年（1150）十一月十二日

額正書：宋故陳四十五郎地券

維皇宋紹興二十年十一／月一日癸酉朔十二日甲申，／有臨江軍新淦縣欽風鄉歸仁里郭村斜上保故陳四十／五郎世壽七十八歲，扵紹興／十八年戊辰歲七月初八日／身薨九世，停喪在堂。今用銀／錢九万九千貫，往開皇地主／邊收買得地名歸正里楊爐／中壠艮山庚向地一穴。東西／南北，若計三十步。東止甲乙／青龍，南止丙丁朱雀，西止庚／辛白虎，北止壬癸玄武。上止／皇天，下止黃泉。內外勾陳，分／掌四城。丘承墓伯，封斷界畔。／道路將軍，齊整百里。千秋万／歲，永無殃咎。／

知見人歲月主者。／

保見人今日直符。／

書契人功曹。／

讀契人主簿。／

故冗精邪不得干犯，如違此／約，地券主使自當其禍，主人／內外安樂。

買地人陳四十五郎即地券文。

高 63 釐米，寬 32 釐米。正書 25 行，滿行 11 字。

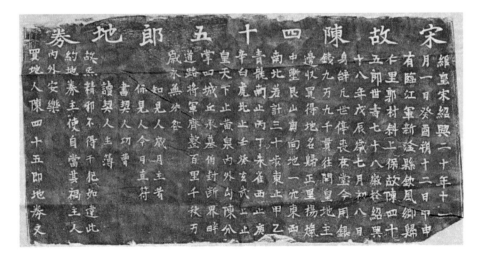

四十八、宋黃逢吉墓誌　　淳熙三年（1176）十月二日

額殘缺。

黃幾仲墓誌銘 /

宣教郎、知建昌軍廣昌縣勸農公事黃牧之撰并書。 /

余姪逢吉，字幾仲，仲兄□寅長之嫡子，年十五而孤。 / 二十五，當淳熙改元甲午，且春□□□□□□□□ / 試下。又明年五月辛亥，且疾卒于家。又明年十月癸 / 酉，葬于撫州臨川縣櫪西之源。娶王氏，生一 / 女。王氏去，再娶管氏，無子。余伯兄承議公有孫曰忠 / 孫，視逢吉為叔父，昭穆適和，當瀘許立作嗣。于是 / 逢吉之母若妻扳是自言于郡與部使者，且忠孫為 / 嗣，即日除附如令。逢吉性樂易，無城府，未知學，時 / 使克壽，未必不大有成就。其病也，去余之居四十里， / 弗得視其藥餌良苦。其葬也，余又官于此，弗得臨穴。 / 無地寄哀，則叙而銘之。若夫世系鄉里，有先大夫 / 與仲兄墓碑在。銘曰： /

死生天也，非人之所能為也。母老而 / 無，况嗣立而未壯，此其為可傷也。鄒克昌刊。

殘高 85 釐米，寬 67 釐米。正書 18 行，滿行 20 字。

樊仲光墓誌銘

宣教郎知建昌軍南昌縣高□□□□其□撰□□黃吉

十千五當淳熙政元甲午田□□每五月辛亥吕囊卒于□明丝十小於

以下又明□□手撫□□□

縣興民法□□臨川縣期堅鄉樞西□永謙要王民生□孫日忠

國與□羅氏女昭文照□□□子□邦役當□□傳謀□作嗣於是

祝逢吉之母若攝父照□令逢吉性樂易無城府未教學師□不諱

即日降附如令逢吉之盧當吏后苦之辭虐發之旁觀沾沾不悟

金令門戸之盧當吏后苦之言類如此推是心昌俗

逢吉未嘗不順受其服受盡言類如此推是心昌俗

先克壽禾必可火有成就其病也去余之話四十里

弗得視其藥餌良苦其墓也余系世系鄉里則有先大夫

無地寄哀則在銘之若夫□官于此弗得臨元

死生天也非人之所能為也毋老□ 鄒克昌刊

尊仲光墓碑□無況嗣主而未卜此其為可傷也

四十九、宋王稱墓碣　　淳熙八年（1181）十二月十九日

額正書五行：宋故／知府／奉議／王公／墓碣

宋故奉議郎、權知藤州軍州事王稱字登叟，中／山府曲陽人。曾大父孝孫，仕至承議郎，累贈太／師。大父安中，任尚書左丞，贈左通奉大夫。考辟／光，右朝散郎，直龍圖閣，累贈太中大夫。妣汪氏，／贈碩人。公生於建炎己酉年正月二十五日寅／時，四歲而孤。六歲，以外祖丞相汪公郊恩，奏／補將仕郎。初任迪功郎，監潭州南嶽廟。繼以綱／賞，循從政郎，主饒州德興縣簿。再丁外艱，服闋／授賞，轉文林郎，監潭州軍資庫。秩滿，注常德府／司理叅軍。舉主薦改宣教郎，知婺州金華縣，再授廣西轉運司主／管文字。再遷奉議郎，賜緋章服，知滕州，仍借紫。／到官未逾月，遽以疾不起，寔淳熙七年十月二／十有二日，享年五十二歲。娶汪氏，封孺人。男二／人：名宗誼、宗歷。女一人，適迪功郎、吉州吉水縣／主簿汪執權。以明年十二月十有九日葬于饒／州鄱陽縣義犬鄉於楊梅橋之側，與先太中之／塋相望焉。謹錄平生履踐大槩，納諸壙中，以銘／不朽云。

高 59.5 釐米，寬 41 釐米。正書 18 行，滿行 18 字。「知婺州金華縣，再」小字刻於第九、十行之間。

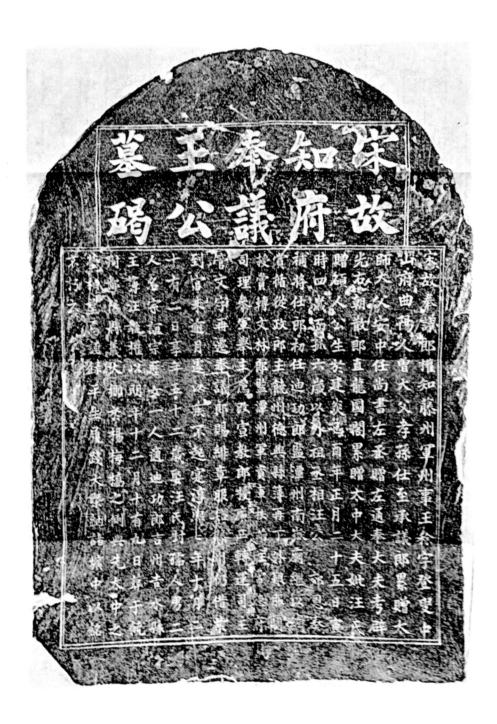

五十、宋王氏地券　淳熙十二年（1185）十一月五日

額正書：宋王氏孺人券

天帝告土下□□王氣、五方諸神、趙／公明。□有皇宋隆興府豐城縣王氏／孺人，東山居士王國寶諱璽女，歸于／□南居士徐同甫諱朋。有男一人，曰／協□。孫二人，曰傳霖，曰傳梅。女孫二／人，皆未出適。孺人享年八十三，以淳／熙十年冬十一月卒，越十二年十一月／五日甲申，葬于所居之北曰楊梅坡。／青龍秉氣，上玄辟非，玄武延軀，虎嘯／八□。辟斥諸禁忌，不得妄為害。當令／于□□熾，文□九功，武備七德，卌卌／貴盛興。天地無□，一如土下，九天律令。

高 52 釐米，寬 41 釐米。正書 12 行，滿行 14 字。

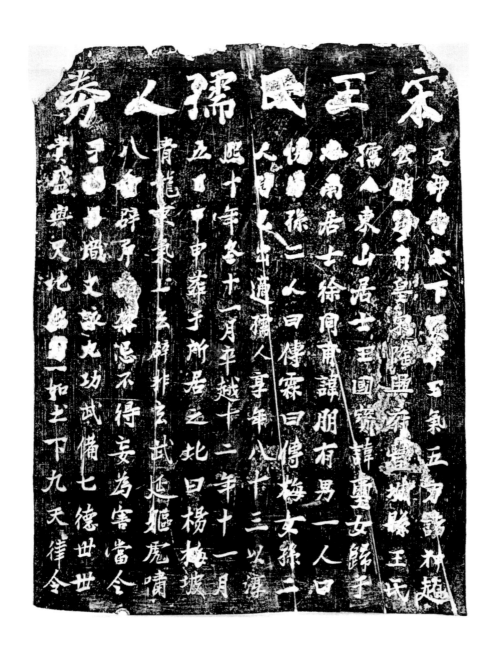

宋王氏孺人券

夫甲者上下系平□氣五方露林趙
公明李□□月□泉權與奇豐城縣王氏
孺人東山居士王國寶韓雲女歸于
孺人□□居士徐同甫謹明有男一人□
陽□□孫二人曰傅霖曰傅梅女孫二
人□□人通孺人享年八十三以淳
熙十年冬十一月平越十二年十一月
五曰丁申葬于所居之北曰楊梅坡
八會辟所□□□忌不待妄為害當今
青龍東氣上玄解非玄武延尾虎嘯
丁□□歲文歌丸功武備七德世世
孝盛興又化盈□一如土下九天律令

五十一、宋吳興宗墓誌　紹熙五年（1194）閏十月二日

額正書三行：宋故／吳君／之墓

　　君諱興宗，字克継，撫之崇仁人。曾祖日憶。祖中行，以／儒術著稱於舍選間，後以癸卯鄉貢，晚該特恩。父／晰。君幼警敏，迨未冠，篤志於學。能自植立門户，治田／園有條理。故資産益倍於前。奉偏親至孝，方家道充／盈，可適閑燕，而親乃先至于終。君復連歲嬰疾，竟以／不起，莫克盡其榮養，良可恨也。生於紹興之壬申，卒／於紹熙之癸丑。娶謝氏，乃余弟從事郎、袁州分宜縣／尉驥之女。男一人，大章。以紹熙甲寅閏十月己未得／吉卜，歸葬長安鄉開元里三石之陽。其孤於余為姪／甥行，前事踵門而告余，欲為紀其行實，故併述歲月，／以識于墓云。修職郎、前特差監潭州南嶽廟謝峯書。

　　高 67 釐米，寬 49 釐米。正書 11 行，滿行 20 字。

宋故
吳君
之墓

君諱興宗在吳越錢俶之舊祖曰億祖申行以一
儒術者稱府舍遷閒俊以秀卯鄉貢晚歲持隱父
晰君初管故造未元墓希羽學館自植立門戶治田
園有條理故資產雖僑於前奉偏親至孝方家道元
盈可適閒燕兩親乃先至于終君很建藏嬰疾竟
不起莫先盡其葉食良可恨也生於伯興之壬申縣
於伯興之妻丑妻禡武乃余兄從事郡泰州分宜縣
尉驪之女男一人大寧以紹興甲寅閒十月巳未得
吉卜縣祥長妾鄉閒元里三石之陽其孤於余為娃
孥行前博閒門兩告余散為紀本葉實故併走藏月
以誌于墓左偷職爾聞特彥渾州尚巖廟謝黍書

五十二、宋李彥誠地券　　紹熙五年（1194）閏十月三日

額正書四行：青龍秉氣／上玄辟非／玄武延軀／虎嘯八垂

宋先君李公地券／

天帝告下土冢中王氣五方諸神趙／公明等：豐城同造元崗李公諱彥誠，／紹熙五年六月初三日以疾卒，得年／七十有七。娶親黃氏。生男二人，曰子泛、／子明。女三人，適郜從善、徐允昇、甘杼。／孫男五人，曰文廣、文美，餘未名。孫女／三人，在幼。卜是年閏十月三日葬于／宅後之山，坐艮向坤。未辟斥諸禁忌，／不得妄為害，當令子孫昌熾，世世貴／旺，与天地無窮。一如告下。

高 50 釐米，寬 34 釐米。正書 11 行，滿行 14 字。

青龍秉氣

上玄辟非

玄武延齡

虎嘯八垂

宋先考李公地券

天帝告下土冢中王氣五方諸神樹

公明孚豐城同造元崗李公諱彥誠年

紹興五年六月初二日以疾卒得年

七十有七娶黃氏生男二人曰孚滂

子明女三人適都徙善徐名昇甘梓

孫男五人曰文廣文美餘未名孫女

三人社幼卜是年閏十月三日葬于

宅後之山坐艮向坤未辟斤諸禁忌

不得妄為害當令子孫昌熾世三貴

旺与天地無窮一如告下

五十三、宋孫氏墓記　慶元三年（1197）十二月二十四日

額正書：宋孫氏墓記

亡妹姓孫氏，家君次女也，世居吳皋之敷山。曾祖諱 / 漸，祖諱居仁，父名晉卿，母槎村范氏。妹自幼孝睦重厚，如老成人。婦德女功，無一不備。又性慧敏，書翰筆 / 札，不學而能。文字過目，終身記憶。最為父母所愛。及 / 笄，出適普廉甘滋。僅歷三歲，以疾歸于膝下。福藥兩 / 至，終以不救。將屬纊，猶以不獲終養為言。悲夫！順事 / 至情，雖臨死生之際不亂。慶元丁巳十一月二日，/ 得年纔二十有二。生男一人，乳名雲孫，在襁褓中。即 / 以是年十二月二十四日壬辰，葬于溪南芙蓉原。嗚 / 呼！善者獲壽，天理不斬，親所加念，宜報以養。今則反 / 是，豈賦予有定，無可奈何。所幸善終親旁，棺槨衣衾，/ 尤為全備。嗣續尤托，昌熾未艾。或者善孝之報，在此 / 存没，兩無憾焉。雙親追悼不已，俾為之記。仲兄欽叔 / 揮淚謹書，照諸歲月云。

高 55.5 釐米，寬 36.5 釐米。正書 14 行，滿行 20 字。

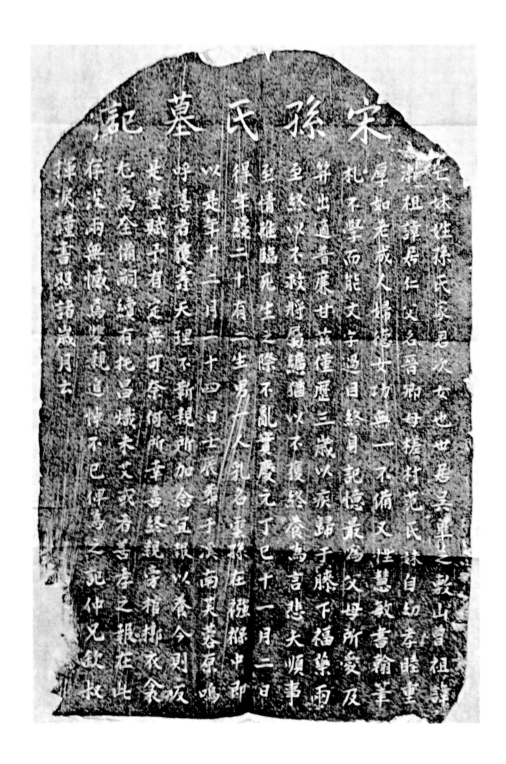

宋孫氏墓記

任□□姓孫氏豪君次女也世居吳興之□山曾祖諱
灙祖諱厚仁父名哥卿母楮村芭氏諱自幼李睦重
厚如老成人惝悱女功無一不備又性慧敏書翰羊及
礼不學而能文字過目終身記憶最為父母所愛及
等出適吾廉甘茹蓮歷三歲以疾歸于膝下福葉兩
至終以末校將屬纊以不復終養為言悲夫順事
至情推臨死生之際不亂嘗慶元丁巳十一月一日
得年纔二十有一生男一人乳名□孫在襁褓中卽
以是年十二月二十四日壬辰葬于武南吳蓉原鳴
呼善古復奏天理不新親所加念五報以養今則疚
走量賦千有定無可奈何所李善終親哀相楊衣食
无為全備嗣續有托吕嫓未又求方苦存之死仲又欲
在沒兩無憾為沒親道悼不已俾為之記仲又欽救此
悼次鐘吾□□諸歲月去

五十四、宋黃継祖之父地券　開禧二年（1206）十一月十五日

黃君地券／

維／皇宋開禧二年歲次丙寅／十一月戊寅朔越十有五／日壬辰，孤哀子黃継祖奉先／君喪葬于劍池鄉馬岐之原。敢昭告于茲山之神／曰：維山來□震巽，折旋／馮穴，坐亥面□，水流庚辛。／風氣留停，左右環鬱，蔣峯、／羅阜對峙其前。先是十月，／伐石奠甓，肆今襄事。惟楄／柎藉幹，所冀寧憶者，不能／不累神。矧惟先人植業，／所在顧懷乇土。爾神合／為之捄呵不祥，綏妥我靈，／啓佑我後。則春烑霜露，亦／尚昌菩寅覜。神其監之。

高 22 釐米，寬 45 釐米。正書 18 行，滿行 10 字。

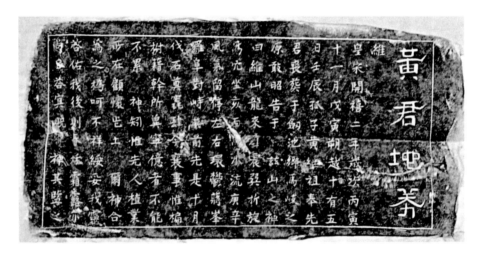

五十五、宋徐秀瑩墓記　　開禧三年（1207）十一月十日

額隸書：宋徐氏墓記

宋故揭夫人徐氏墓記 /

兄，待補太學生松年撰。 /

兄，迪功郎、袁州萬載縣丞如晦書。 /

姪，從事朗、袁州軍事推官倫題蓋。 /

女弟諱秀瑩，姓徐氏，父名沔，世居豐城縣冨城鄉之水北。女弟 / 性沉靜，言不妄發。其在女氏也，余兄弟姊妹既眾而克和克柔，俾 / 各盡愛敬之禮，劇為父母所鍾愛。選婿得長寧鄉揭姓，為大族，名 / 堯章，字煥叔。自歸夫族也，身崇儉約，勤勞不懈。夫婦合鳴而家道 / 駸駸日長，人皆曰有內助之力。子一人，名用中。每撫其子曰：「無自 / 暴棄，當大余門戶。」逮病革，又撫之曰：「我死無恤，不及見汝之長，不 / 及終親之養為可恨！」言終而逝，得年三十有七。嗚呼！女弟以柔 / 處內壼，宜承其餘慶；以勤儉主中饋，宜享其安榮；以善教樂其 / 子，宜見其成人。是二者皆虛其應，天可問乎！何天既畀以婦德之 / 無玷，而不假之壽，以少遂其意，淂不為之深恨耶！亦幸有子可以 / 無憾。女弟生扵乾道辛卯，卒扵開禧丁夘，以是年十一月之壬午葬于 / 白石坡之陽。不可無以紀諸幽，謹記。

高 91 釐米，寬 59 釐米。正書 16 行，滿行 25 字。

宋徐氏墓記

宋故揭夫人徐氏墓記

待補太學生　松年撰

男迪功郎袁州萬載縣承　如晦書

　　軍節軍郎袁州軍事推官　　　倫題蓋

女弟諱秀瑩姓徐氏父名污世居豐城縣富城鄉之水北女弟賦

性沉靜言不妄發其在女氏也余兄弟姊妹既衆而克和克柔俾

各盡愛敬之禮劇為其母阿鍾愛選婚得長字揭姓為大族名

克章宇旗叔自歸夫族也身崇儉約勤勞不懈夫婦和鳴而家道

駸駸日長人皆曰有助之力子一人名用中每撫其子曰吾無目

暴素當大余門戶遠禍車又撫之曰我死無恤不及見汝之長不

及終親之養焉可慨耳終而逝得年三十有七嗚呼女弟以柔

順處閨壺宜承其慶以勤儉主中饋宜享其安榮以善教藥其

子宜見其成人之二者皆處其應天可問乎何天既畀以婦德之

無玷而不儉之素以遂其意得不為之深恨耶亦率有子可以

無憾女弟生於嘉定庚辰卒於開禧丁卯以是壬十一月之壬辰

葬于白石次之陶不可無以紀諸幽謹記

五十六、宋蕭仲亨墓碣　嘉定十年（1217）十月十七日

額隸書三行：先君／蕭公／墓碣

先君蕭公墓碣／

先君姓蕭氏，諱仲亨，字彥通。其家世居西昌信實龍門，樂於為善，子／孫蕃衍盛大，或士或隱，分適他邑。七世祖以國朝政和間徙廬陵，即／高澤之大墓而居焉。遭時昇平，生産日以富饒，遂為永業。八世祖諱守／中，生廷舉，先君之皇考也。子男四人，先君其季也，生於紹興丁邜之端／月。未冠，丁先妣憂。及壯，丁先考憂。生事死葬，莫不以禮焉。先君性純而／方，氣温而正，豐財殖産，無妄取予。雖不用計，然策而默與之合。自是生／理日裕。其處鄉里，和而不流，有争訟者平之。其處昆弟，睦而無争，先人／之敝廬則遜之。父老以此稱善。不事虛美，不入訟庭。而尤篤於義□之／訓，先君之素志也。嘉定丙子秋，得疾彌月，三迎醫弗瘳。考君曰：「命□天，／醫復何益？」呼世英來前曰：「人生七十者稀，吾天數止於此，是亦足□。汝／可與諸姪若子義以相處，孝以事母。市書教子，為光顯門户計。□□□／毋侈靡以累吾生平也。身後之事，悉有治命，宜遵行之。亦可謂孝□。」□／畢而逝，實是歲九月十有四日也。越明年嘉定丁丑十月十有七日辛／酉，奉靈柩歸葬於鄉之西辛塘之原，丁未山，丑癸向，蓋先君舊卜也。先／君娶鍾氏，生男二人：長世選；次世英。世選先考君八月卒。女一人，適□／氏，弗夭。再適河南郡兑文。孫男九人：長一飛；次一鳴；一新；一麟；一德；一／鷃；一經；一雷。女六人：長許曾氏；餘尚幼。世英追念罔極，欲報無／所。未能乞銘於當世之先達，以託不朽，姑書大槩，納諸壙以識歲月云。／孤子世英泣血書，潁川陳鼎填諱。

歐陽思明刊。

高 85 釐米，寬 55 釐米。正書 20 行，滿行 27 字。

五十七、宋吳楚老墓記　嘉定十三年（1220）二月二十三日

額正書四行：宋故／吳公／居士／墓記

公諱楚老，字聲伯，饒之餘干人。曾大父逢裕，大父／沂，父可與，皆潛德弗仕。公生于紹興壬午十月／二十七，嘉定己卯十二月初十卒，享年五十八。／先娶白氏，再娶趙氏，悉不偕老。子男二：長曰更，／先公卒；次曰處㘰。女三人：長適進士徐焘；次適／進士章武；子幼，未行。公生平卓偉，胷襟灑落，以／文學升豫章郡庠學諭員。久之，不屑，輒弃去。自／是徜徉物外，視功名若無有焉。交朋舊無隱情，／詩酒相娛，竟日無倦。間居惟文籍之樂，不特遺／其子者以經，而訓飭諸姪，莫不俾就正道。公之／治家，誠若弗事者。然處之有條，悉得其宜。旣／而感疾，醫以脉明，皆謂公不引年。公亦怡然自／釋，至於善後計，且罔或缺，居無何而卒。吁！公方／於是年五月哭長壻，未數月而哭長子，禍變可／謂極矣！昊天不仁，猶弗能慭遺一老，誰不為公／之於悒者。公易簀日，嘗戒其子曰：「葬我于豫章／進賢之西岡源趙氏墓所。」且祝曰：「懼有水患，勿／久留我。」謹以明年二月二十有三日甲申吉葬。

高 61.5 釐米，寬 51 釐米。正書 18 行，滿行 18 字。

宋故吳公居士墓記

公諱楚老字釋伯饒之餘干人曾大父逢裕大父
汴父可與皆潛德弗仕公生于紹興壬午十月
二十七嘉定己卯十二月初十日卒享年五十八
先娶白氏再娶趙氏悉不偕老子男二長曰更
先公卒次曰處皇女三人長通士徐□熹次通以
進士章武子幼未行公生平卓偉宵襟灑落以
文學朴豫章邵摩學諭貢父之不屑轍弃去自
是徜徉物外視功名若無有焉朋舊無隱情
詩酒相娛竟日無倦閒居惟文籍之樂不特遺
其子者以經而訓飭諸姪莫不俾悉得其宜既
治家誠若串事事然之有條悉正道公之
而感疾醫以脈明皆謂公不引年公亦怡然自
釋至於善後計且閭或缺居無何而卒吁公方
於是年五月哭長婿未數月而哭長子禍變可
極矣吳天不仁猶弗能懲遺一老誰不爲公
謂公易簀日嘗戒其子曰葬我于豫章
之於慍者公以賫日□懼有水患匆
進賢之西岡源趙氏墓所且祝曰
久留我謹从明年二月二十有三日甲申吉葬

五十八、宋熊本地券　嘉定十四年（1221）二月二十九日

額正書：宋故熊公承事地券

先君熊姓，諱本，字國本，生于乾道丙戌。天性慈儉，艱難／立家，幸致康裕。男三人：進、建、遵。旹時立室，中年方可優／游。而妣詹氏先亡，葬于小陂崑之陽。先君廼剙小屋于／兹山之北，而終老焉。仍自立貧宅扵屋右，以其近先妣／塋域也。不幸於嘉定十四年二月二十有二日，以疾終／于寢，淂年五十有六。死之日，孫男六人俱幼。凢棺衾葬／所，皆生前預俻。送終條次，亦歷歷告戒，悉從簡省。進等／不敢違，以是月二十有九日甲申，奉棺以葬。切惟兹山／乾亥落，穴向直辰巽。大門山嶂其東，□仙嶺拱其西，羣／阜環列，宜為吉人之藏。其所以翊衛靈寢，芘覆後人，皆／有賴於此山之神。春秋祭祀，進等安敢忽。謹告。／

孤哀子進等泣血昭告。

高 48 釐米，寬 30 釐米。行書 12 行，滿行 21 字。

宋故能公承事地券

先君熊姓津本字國本生于乾道丙戌天禧□□□娘難
立志卒致衰裕男三人進建連目明五室中李方可侵
游而姚摩氏先亡卒于小彼思言瑞先見逐翔中屋于
右山之比而於老馬似夕立一窆室於屋右以共近先妣
□城殁不卒葬定十四年一月二十為二日以庚給
于寅得生五十有五日孫男六人佩勿九根僉桼
所當告為孤俗送於除次蘇慇慇告戴無後蘭省進孕
今故建以世月二十有九日甲申葬扵以辛坤扵莊山
乾亥庚沈勾直瓜襲大門山嘷更束乾仙巖扶支面奉
車環列迫為吉人之藏古反以翔衙靈寢昆霞佳人諸
有頼于此山之神永秋茶花進孕安敢忽漄孝
孤哀子進孕注血服告

五十九、宋劉氏墓誌　嘉定十四年（1221）閏十二月四日

額正書：宋故夫人劉氏墓誌

先妣姓劉氏，先世東京。曾祖度，修武／郎、雟州總管。娶吳氏，封感義郡夫人，／吳皇后親姑也。祖士敏，修武郎、監行／在榷貨務，娶費氏。考師孟，武翼郎、東／南第十副將。娶邵氏，封安人。生於乾道／丁亥，年十四，歸我先君。事舅姑以／孝，御子女以嚴。雖處貧約而蒸嘗伏／臘、親賓往來，俱無缺禮，中外咸稱焉。／不幸於嘉定十四年辛巳十一月七／日，以疾終于正寢，享年五十五。嗚呼／痛哉！子三人：百熹、百勳、百黯，俱業儒。／女三人：長適金溪進士黃熙，甥二人，／丁老、庚老；次二女在室。以是年閏十／二月四日，祔葬泛坑花窠先君之塋。／渴於安厝，姑紀姓氏歲月，納諸幽隧。／尚當求立言之君子著其行實，茲其／畧云。孤哀子晁百熹等泣血謹誌。／

甥范逸填諱。

高 45 釐米，寬 53 釐米。正書 18 行，滿行 14 字。

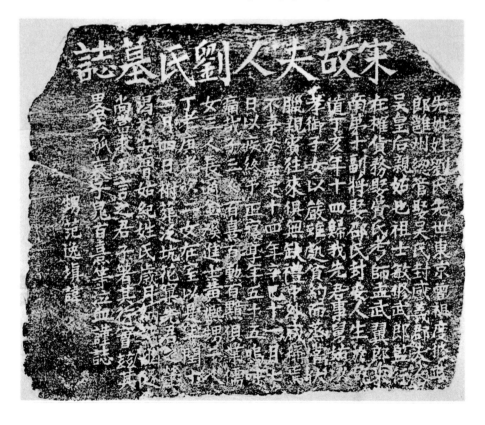

六十、宋王允文地券　寶慶元年（1225）十一月十五日

額正書：地券

維／皇宋寶慶元年十一月戊戌朔壬申日，王元質／謹昭告于楊梅南坑之／山神曰：男允文不幸於今年五月丁丑日卒，卜／云其吉，得祔于母塋而葬焉。其後坐巳，其／前向亥，水則流子壬也。維神之靈實主此山，既／既掩土，禁忌寧無。爾護爾持，永永是司。春秋／祭祀，常與饗之。謹告。

高 58 釐米，寬 36 釐米。正書 8 行，滿行 18 字。

六十一、宋何氏墓誌　寶慶三年（1227）三月二十三日

額篆書：宋故何氏墓誌

宋故何氏墓誌 /

何氏之先，世居撫之崇仁，去郭三十里，鄉曰禮賢，地曰紅 / 旗嶺，為鄉著姓氏。自有生以来，性識明敏。及長，歸于其鄉 / 章公子立。夫婦同心協力，惟以温飽為念。由是生理日盛， / 如其志焉。男二人：長曰全，娶吳氏；次曰早，娶饒氏。女一人， / 適同里方珍。男孫十二人，曰洺、浚、淙、清、海、汶、净、汰、浩、淮、洪、 / 汴。女孫四人。曾男孫八人。曾女孫四人。瓜瓞緜緜，未可量 / 也。其章公先去古十有五季，唯氏優享子孫滿前、福壽双 / 美之盛。豈非平日積善餘慶，所鍾而何？氏生扵紹興戊辰十月之戊辰， / 没於寶慶丙戌三月之辛未，享年七十有九。 / 即卒之次季三月壬申，葬于所居鄉之荷木源涂家塅。其 / 地艮山来龍坐壬，山作丙向，水歸庚辛長流，淂吉卜也，葬 / 有日，其孤泣告求誌墓，辝不可淂，因摭其歲月大綱而勒 / 諸堅珉云。里人雙柏李少穎書。

高 58 釐米，寬 36 釐米。正書 14 行，滿行 22 字。

宋故何阿氏墓誌

宋故何氏墓誌

何氏之先世居撫之崇仁去郭三十里鄉曰礼賢地曰紅
旗顏為鄉著姓氏自有生以来性識明敏及長歸于其鄉
章公子之夫婦同心協力惟以温飽為念由是生理日盛
如其志焉男二人長曰全娶五氏次曰早娶饒氏女一人
通同里方𤱶男孫十二人曰洛浚淳清海浤淳汰浩淮洪
女孫四人曾男孫八人曾女孫四人从姪孫二末可重
其章公先去世十有五本焦氏優享于持禰禰福壽雙
美之盛告北平月積善餘慶一旦鍾而何氏生於紹兴戊辰
女徐四人
即卒之次本二月壬申祥于十四居鄉之柏末原徐家塋其
地長山来龍生壬山住丙向水歸庚辛長流浮志也葬
有日其孤泣告求誌墓辭不可得因據其歲月大綱而勒
諸壙珉云里人斐柏李少頲書

六十二、宋周四郎地券　紹定二年（1229）八月三日

維皇宋紹定二年八月初三日，據大宋国江南西道／建昌軍南城縣南城鄉常泰里豐源中保居／住奉道信士周四郎，享年七十八歲。不幸於今月／初一日蒐帰大夜，魄付泉途。今用銀錢九千／九百貫，於開皇地主边買得陰地一穴，作艮山丁／向。其地東止甲乙，南止丙丁，西止庚辛，北止壬癸，中／央立穴。万載千年，四子位上，悉皆允平。亡人／所有榮運行裝衣罟，應边畔沿江鬼神不得争占，如違，準令施行。／

牙人張堅固。／

保見人李定度。／

書人天官士。

高 52 釐米，寬 39 釐米。行書 12 行，滿行 20 字。

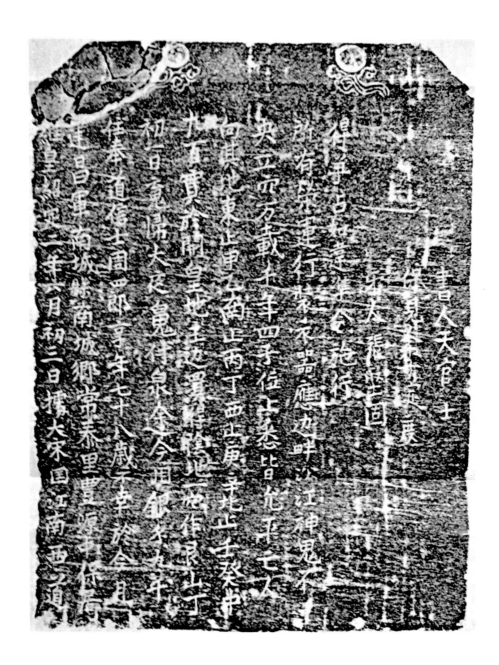

六十三、宋艾氏孺人墓記　紹定二年（1229）十二月

額正書：先妣艾氏孺人墓記

　　先妣艾氏，撫州臨川人也，父家田蚕。生於紹與十四年／甲子歲，隆與初，帰于父，敬戒無違。二年，罄奩中所有，與／吾父收産，每尚節儉，機杼布帛以益之。於是，家肥屋闊，／活業成矣。腹育之間，不忘女功。事公姑盡孝匪惰，終其／喪。教誨子女以勤儉，中年以來，嫁娶俱畢。與吾父齊眉／偕老，共享福壽。睦九族，欽四鄰，恤孤怜貧，鄉黨稱善人。／又甲子年之己丑歲四月，沾微恙。六月五日，沐浴，召子／孫笑談而卒，享年八十有六，夫彥立主喪事。子四人：曰／子通、子華、子清、有誠。子清先八年卒。新婦四人：艾氏、樂／氏、雷氏、譚氏。女一人，適同邑進士文應龍。孫六人：友朋、／友政、祖謙、燁、炳、輝。孫新婦五人：吳氏、吳氏、王氏、焦氏、文／氏。女孫四人：長適雷如霆；次適于濟；次適徐權；妹娘未／婚。曾孫七人：可宗、如祖、如雷、如聰、如霆、明哥、孟哥。曾孫／新婦二人：陳氏、萬氏。曾孫女四人：八娘、九娘、寄娘、元娘，／俱未笄。玄孫二人：李哥、來生。是歲十二月二十六日，卜／葬于所居之北，地是离山，行龍亥山，出面巽水來朝，流／帰艮甲。孝男子通恐妣之善行泯沒于世，乃立石刻記，／與柩併藏于墓焉。峕紹定二年太歲己丑十二月日，孝／男陳子通泣血言記，門人臨汝徐舜弼書，石匠黃文刊。

　　高 37 釐米，寬 33 釐米。正書 19 行，滿行 21 字。

六十四、宋鄒柔中陰堂記　紹定四年（1231）十二月二十一日

有宋鄒君三宣教陰堂記 /

先君駕山族也。曾祖義，縣舍法升太學。京師戒嚴，曾預 / 伏闕上書，而朝廷益多加事勉，受助教而歸。南渡後，猩嘯 / 篁竹，助教避難，徙于邑，因家焉。妣張氏。祖延世，娶適齋 / 袁承議姪女。父大鼎，七上舍，娶舒撫幹女孫。先君諱柔 / 中，字惠卿，上舍第三子也。上舍有淵明寒泉之思，為先 / 君娶適齋嫡曾孫女。先君體貌魁梧，資識不凡下，刻苦 / 燈窗，復青氈座，待補成均而已。象祖初入學，先君別 / 闢書館，隆禮尊師，以世業為急。惜象祖幼，未能快先志。 / 先君生扵嘉泰壬戌十月十四日，歿于紹定庚寅正月 / 十三日。時象祖纔六歲，弟崇祖三歲，妹紹娘五歲，慶妹 / 二歲。母夫人年方二十有八。一室之內，既孤且寡，觸目 / 傷情。辛卯臘月二十有一日，抱痛襄奉于故里水口山 / 之原。敘次梗槩，納諸壙。孤子鄒象祖泣血百拜記。

高 56 釐米，寬 37 釐米。正書 14 行，滿行 21 字。

六十五、宋黃震之父地券　淳祐三年（1243）十月二十九日

額正書：地券

維皇宋淳祐三年歲次癸夘十月甲戌朔二／十有九日壬寅，孤子黃大宏震敢昭告于／梅灣阡后土氏之神。大宏等弗孝弗敬，罪聞于／皇天；弗殞弗亡，禍延于皇考。遵聖經之訓，忍／死奉襄，禮宜然也。乃卜阡，維此土食；又卜辰，維／此日食。其坐癸丑，其向丁未，大川環焉，古剎衛／焉。又維時之良而窆焉。而今而後，神其守護／兆域，呵禁不祥。俾殁者安其靈，存者蒙其福。／春之朝，秋之夕，我祭其從與享之，勿替有引也。／維神其監于茲。謹券。

高 52 釐米，寬 35 釐米。正書 10 行，滿行 18 字。

地券

維 皇宋淳祐三年歲次癸卯十月甲戌朔二
十有九日壬寅孤子黃大宏震敢昭告于
梅灣阡后土氏之神大宏等弗孝弗敬罪聞于
皇天弗殄弗亡禍延于 皇考遵聖經之訓忍
死奉襄禮宜然也乃卜阡維此土食又卜辰維
此日食其坐癸丑其向丁未大川環焉古刹衛
焉又維時之良而窆焉而今而後 神其守護
兆域呵禁不祥俾 歿者安其靈存者蒙其福
春之朝秋之夕我祭其從與享之勿替有引也
維 神其監于茲謹券

六十六、宋吳四乙娘壙誌　　淳祐六年（1246）十月二十四日

額正書：吳氏乙娘壙誌

大宋國福建路邵武縣仁澤鄉旌德里中／方保李坊居住，清信斗下女弟子吳氏四乙娘享／終六十三歲。生居太陽之土，死於太陰之下。今取吉／日安葬，得丘成墓伯判出地界，在土名竹窠山／內買到陰地一穴三頃。東至甲乙，南至丙丁，西至庚／辛，北至壬癸，中至戊己。地靈龜著，用錢九萬九千／九百九十九文九分九釐，酹巾三尺五寸。時見人／張堅固，依口書人李定度。亡人得為万年塚宅，若有同／年同月同日同時及同名同姓生人，不得妄來爭占。如／有此色，縛送太上都女星官科罪，符到奉行，急急律令。／

淳佑六年十月己酉良日，奉太上勅立。

高 37 釐米，寬 28 釐米。正書 11 行，滿行 19 字。

六十七、宋甘成忠墓碣　　淳祐八年（1248）八月十七日

額正書：宋故甘君墓碣

　　君諱成忠，姓甘氏，行第四三，家世撫州崇仁縣長安鄉之嘉會里。／曾大父志才，大父仲方，父時亨。兄弟六人，君居其次。更相勸／勉，以勤勞稼穡植立門戶，由是家道日昃。君平生事父母孝，／處兄弟和。人有忤，未嘗與較。賓客往來，鞠躬尽礼。言不妄發，／慄慄然，唯恐一毫少咈於人。每歲歉月，以己之餘廩接濟鄰／近族屬，間或有不給，賙之無難色。歲時，率兄弟，集長少，盃酒／相懽，藹然有和順輯睦之風。真得守望相助、疾病相扶持之／意，亦可謂暗合於道者矣。中年，痰疾作梗，迨老尤甚。遂析其／家資與諸子，厖眉白髮，自適於山林之下。識与不識，稱為善／人。生於淳熙辛丑三月之八日，卒於淳祐戊申六月之十四／日，享年六十有八。娶丘氏。生男四人：長文蔚，娶黃氏；次文炳，／娶蔡氏；文煥，娶黃氏；文彬，議親未成。女一人，配歐陽璋。孫男／三人，方從師問孝，隸辛子業。女二人，尚幼。嗚呼！昔后稷以農／事開國，卒能興周於後世。今君以農業興家，異時諸孫力學／不已，增光祖宗，未必不為泉下之榮。將以是年八月十七日／壬辰，卜葬於本里鄧家墥，坎山午向，取其便於省楸也。前葬五日，／待補太學生徐鋆撰并書，術士胡季華刊。

　　高 62.5 釐米，寬 43 釐米。正書 17 行，滿行 23 字。

宋故甘君墓碣

君諱成忠姓甘氏行四三字家世撫州崇仁縣長安鄉之嘉會里
曾大父□志□□大父仲方父時亨兄弟六人君居其次更相勉
勉以勤勞稼穡植立門戶由是家道日興君平生事父母孝
趨兄弟和人有忕木嘗與賓客往來鞠躬盡禮言不妄發濟郡
慄慄然唯恐一毛少於人每歲歉月以己之餘廩接濟
近族屬間或有不偁之無難色歲時率兄集長少五酒
相懽藹然有和順輯睦之風其疾病相扶持之折其
意亦可謂合於道者矣中年痰疾作梗与不識稱爲善
家資與諸子厄冐白髮自適於山林之下識
人生於淳熙辛丑三月之八日卒於淳祐戊申六月之十四
日享年六十有八娶立民生男四人長□□娶黃氏次□文炳
娶蔡氏□□娶黃氏□議親未成女一人配歐陽璋孫男
三人方從師問學隸牽子業女二人尚幻嗚呼昔后稷以農
事開國卒能興同於後世今君以農業異家具時諸孫力學
不已增光祖宗未必不為之榮將以是年八月十七日
壬辰卜葬於本里鄭家塔□□取其便於省楸也前葬五日
待補太學生徐鎣撰并書　　銜士胡季華刊

六十八、宋黃氏墓記　淳祐十年（1250）二月十二日

額正書三行：有宋／黃氏／墓記

敷山孫辛孫妻黃氏，同邑同坑里人。曾祖諱武。／祖諱萬里，學詩，一再試不偶。不求名達，博覽羣／書，雖臥疾，手不釋卷。娶朝散郎范公諱南一之／女，大理少卿諱應鈴之女弟也。父諱愷，早世。黃／氏生長儒家，幼失所怙。婦儀閨範，不習而能。慧／淑雅潔，出於天性。年二十二，淳祐八年歲旅戊／申蜡月辛卯，以祖父命歸余。恭大慈小，內外無／間言。不幸，明年八月二十一日得疾，盥櫛如常。／二十六日，顧余曰：「吾盍無恙。」未幾，疾革而卒。闔／門長幼莫不傷悼。悲夫！辛孫奉家君之命卜，／又明年二月庚申日，葬于所居之東曰錢羅坑，距／家三里而近。將窆，於是抆淚，為書歲月。辛孫記。

高 52 釐米，寬 34.5 釐米。正書 12 行，滿行 18 字。

有宋
黃氏
墓記

敦山孫辛孫妻黃氏同邑同塊里人曾祖諱□
祖諱萬里學詩一所試不偶不求名達博覽羣
書雖卧疾手不釋卷娶朝散郎范公諱南一之
女大理少卿諱應鈴之女第也父諱愷早世黃
氏生長儒家幼失所怙婦儀閨範不習而能慧
淑雅潔立於天性年二十三摘以祖父金歸余余承大意卜□外無
申蜡月辛卯以□□□□□□□□年歲於戌
閭言不幸明年八月二十一日得疾盟楜如常
二十六日頥余日吾畫□無甚末戚疾草而卒閭
門辰幼莫不寫恾悵夫平孫奉宗君之命卜
喬年十二月庚申日葬于所居之東曰錢羅坑距
第三里申辽诗選於是收诗寫歲月辛孫記

六十九、宋羅三娘地券　寶祐元年（1253）二月十二日

額正書：日月

　　維皇宋歲次癸丑年二月一日戊戌／胖，十二己酉良日，即有建昌軍／南城縣可封鄉修仁里新城保／居住，歿故亡者羅氏三娘行／年辛亥生，六十歲。於庚戌／年八月廿八日身亡，至癸丑年二月十／二日當還蒿裏。今用銀錢一會，／於開皇地主边買得陰地一穴。其／地東止甲乙，南丙丁，西止庚，北止壬／癸。上青天，下止黃泉，中作亡人／□□□□，陰府凶神不得爭。

　　高28釐米，寬28釐米。正書11行，滿行14字。

七十、宋廖氏地券　寶祐二年（1254）十月十六日

額正書：地券

維／皇宋寶祐二年歲次甲寅十月十有六日／乙酉，隆興府豐城縣劍池鄉圓嶠里／孤哀子吕良孫、神孫奉先妣孺人廖氏／葬于所屈之西曰壽山。敬告于山之／神曰：「維天蒼蒼，先妣云亡。卜亓宅兆，／壽山之陽。坐震囬兊，堪輿蓋藏。左右映／帶，山清水長。永為佳城，終焉允臧。不假／廬墓，仍屈之傍。維神之灵，謹為抪呵。魖／魅魍魎，麾之以戈。妖怪螻蟻，遠徙于它。／葱葱佳氣，降福為夘。歿者亓安，生者亓／榮。如川方至，如蘭斯馨。歲掃松楸，靡愛／斯牲。祀典旣舉，神亦与迎。千秋万年，无／渝斯盟。」孤哀子吕良孫、神孫泣血謹告。

高 57 釐米，寬 42 釐米。正書 14 行，滿行 15 字。

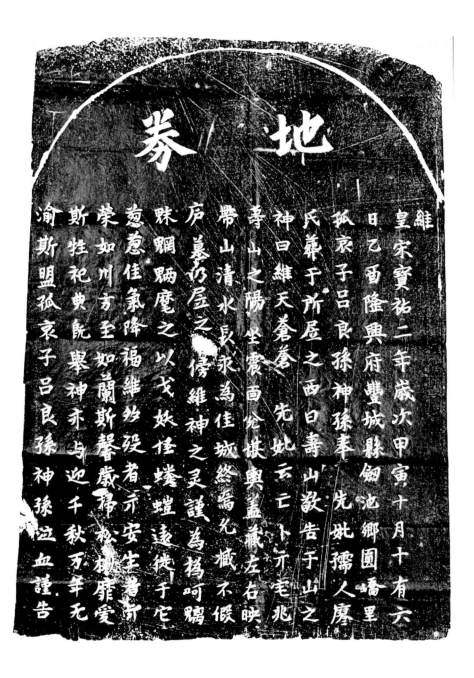

地券

維宋寶祐二年歲次甲寅十月十有六
日乙酉隆興府豐城縣劍池鄉圓嶠里
孤哀子吕良孫神孫奉先妣孺人廖
氏葬于所屋之西曰壽山欵告于山之
神曰維天蒼蒼先妣云亡卜宅兆
尋山之陽坐震面兊媒與盖藏左右映
帶山清水長永為佳城終焉兆不假
廬乃屋之傍維神之靈謹為捣呵鵙
眛蹦蹦竃之以戈妖怪蟻蟟遠徙于它
惹惹佳氣降福維効役者示安生者旿
榮如川方至如蘭斯馨歲帛松櫢靡愛
斯牲祀典既舉神亦与迎千秋万年无
渝斯盟孤哀子吕良孫神孫泣血謹告

七十一、宋陳應龍之母地券　寶祐二年（1254）十二月十六日

額正書：地券

維皇宋寶祐二年歲次甲／寅十二月己巳朔越十有六／日甲申，孤哀子陳應龍、應翔／謹告于大順鄉洗馬池之／山神曰：嗟維此山，面巽坐乾。／龍翔鳳舞，淑氣葱然。奇峯環／揖，秀水帶連。寶龜叶吉，已告／于前。皇姚宅此，永底安全。／或有妖魁，神呵斥焉。佑我／後人，於千萬年。春烊祭祀。／神共享旃。謹券。

高 42.5 釐米，寬 33 釐米。正書 11 行，滿行 11 字。

七十二、宋譚旺墓記　　寶祐四年（1256）十二月十五日

額正書三行：宋故 / 譚公 / 墓記

　　譚姓，豫章之新建地名譚家樓祖派也。太祖時因以水潦不寧，避其 / 租稅，徙居于今豐城之白塔，迨先君三世。祖諱明，先君諱旺，兄 / 弟二人。因祖父存日弃置家務，纖悉巨細，以身任经理之責，用革故 / 庐，鼎新堂廡。及與弟中分，未嘗以為己之勞也。先君天性溫厚，不觸 / 於物，不怒於人。生平雖不喜飲，而鄉曲鄰里往来此，未嘗靳焉，咸淂其 / 歡心。人有紛争，則勸之；事有不平，則平之。咸服其公焉。所為不豐不嗇， / 不侈不陋，不務華飾，勤儉朴素。故舊積增益，産業稍闊焉。猶喜延師儒 / 以訓子孫，欲其有所知也。先君生於淳熙丁未三月之十七日，娶 / 曾氏，前先君七年而卒，淳祐戊申十月也。自是以後，常语諸子曰：「汝 / 之母已死，汝等兄弟宜各勤于業，毋怠慢，毋遊嬉，以滿吾之望也。」兄弟 / 一意奉承而已。惟吾之兄雖曰螟蛉，而先君待之如一，俾仍其旧居， / 予與弟各植基址，連甍而處。於貲産之类，先君存日，三而均之，无 / 一毫之不及。三子以序奉養，各尽子戢，先君處之裕如也。不幸於宝 / 祐乙夘五月十一日，竟以一疾弗瘳，弃子而逝矣。享年六十有九，嗚呼 / 痛哉！男三人：端、仲祥、應期。新婦胡氏、周氏、刘氏。孫男九人：當、文宝、文明、 / 文德、文政、文玠、文亨、文彬、文質。孫女三人：妙英、妙善、妙端。次男仲祥率 / 兄弟俾諸孫同治喪事，卜以宝祐丙辰十二月十五日壬申，奉先君 / 之枢葬于大順東澤葉家坡之陽，龍來自丁，坐夘向夘。水流夘乙，龍左 / 而蟠，虎右而踞。尚冀此山之神密加呵護，毋使魑魅魍魎驚吾先君 / 之幽墟，利我生人，子孫千億。春秋祭祀，神其與享之。次男仲祥泣血謹記。

　　高 65.5 釐米，寬 51.5 釐米。正書 20 行，滿行 27 字。

七十三、宋劉氏壙記　景定元年（1260）七月二十六日

額篆書三行：孺人／劉氏／壙記

孺人姓劉氏，世居臨川之東鄉。嘉定癸未，歸于／我。勤儉嚴整，恪守婦道。以孝奉舅姑，以和處娣／姒。兒女則均其愛，臧獲則待以恩。布置家規，井／井不紊。正謂得此內助，期以偕老。夫何婚嫁未／畢，乃以中壽逝去。惜哉！嘉泰壬戌十月之初十，／生之季也；寶祐丁巳三月之初七，死之日也。越／三歲，景定庚申，得吉兆于長豐嶺之陽。兌山卯／向，去家一望而近。以七月二十六日壬辰，舁柩／葬焉。子男二：長宗𡨥，娶諸氏；次仲璋，未婚。女二：長嫁／同里進士萬處仁；次締饒州餘干進士章一鳳姻，孺／人不及命嫁矣。孫二：恩弟，靜娘。此其大畧也，姑／攄以紀歲月而納諸壙。孝夫俞應泉扰淚敬書。

高 71 釐米，寬 40.5 釐米。行書 12 行，滿行 18 字。第五、六行之間、六、七行之間、七、八行之間後補刻三行小字：庚辰秋，被賊強開，男仲璋遂行舉化。／於辛巳春三月初六壬寅再葬于山／之傍，作乾山巽向。

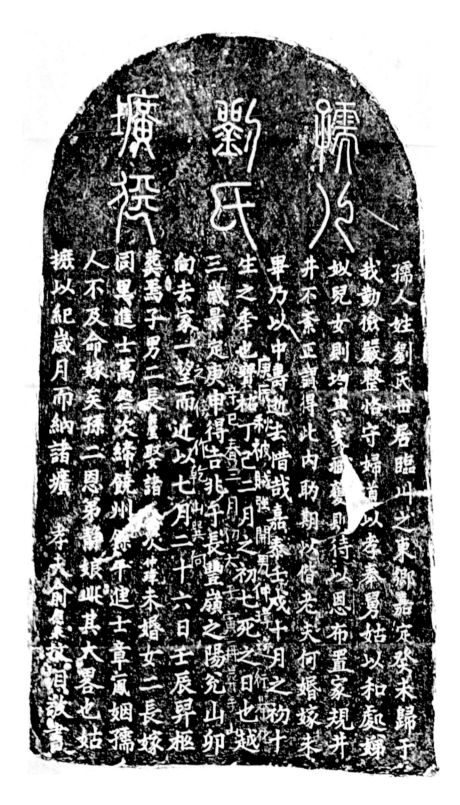

孺人劉氏壙誌

孺人姓劉氏世居臨川之東鄉嘉定癸未歸于
我勤儉嚴整恪守婦道以孝奉舅姑以恩布置家規井
妣兒女則均其愛顧變則待以偕老夫何婚嫁未
畢乃以中嵩逝去惜哉嘉泰開禧戊寅十月之初十越
井不素正謂得此內助期以之初七日也死之日卯
生之牽也誓於□□秋得告作于乾道辛巳春二
三歲景定庚申近以七月二十一日壬辰昇柩
向去家一塋而□兆于長豐嶺之陽兗山卯
龔為子男二長娶諸次緯未婚女三長嫁
同舅進士萬齡次緯饒州徐午建士章鳳姻孺
人不及命嫁矣恩男靜娘此其大畧也姑
摭以紀歲月而納諸壙　孝夫俞愿集敢祖敬書

七十四、宋陳師尹地券　景定元年（1260）十月二十二日

額正書：地券

維皇宋景定元年太歲庚申十月乙未朔越廿二／日良利，男陳崇宏敢昭告于／此山之神曰：維我亡考八大宣義陽名師尹生於／庚午年十月二十七日亥時，終於己未年二月十五日／辰時。今卜宅于樂安縣忠義鄉十都地名澁坑／之陽，命于元龜，不巳習吉。謹以冥貨九九之數幣帛，／五方之色，就開皇后土帝君鬻此地域。离山行龍／入首坤申，山艮寅向，芙蓉迎前，石嶺接後。月崑在右，／羅田居右。左有青龍，右有白虎，前有朱雀，後有玄武。／勾陳主內，分治五土，鎮此疆界，常切呵護。魑魅魍魎，／莫敢于侮。億萬斯年，永無災苦。庶我亡靈，獲安此／所。克昌厥後，貴而且富。輒有干犯，按罪無恕。急急如／太上律令。／

太上靈符永鎮幽宅，亡人安靜，子孫昌吉，邪妖伏藏，虵鼠徙迹。急急如律令！勅。

高 62 釐米，寬 44 釐米。正書 13 行，滿行 20 字。

地券

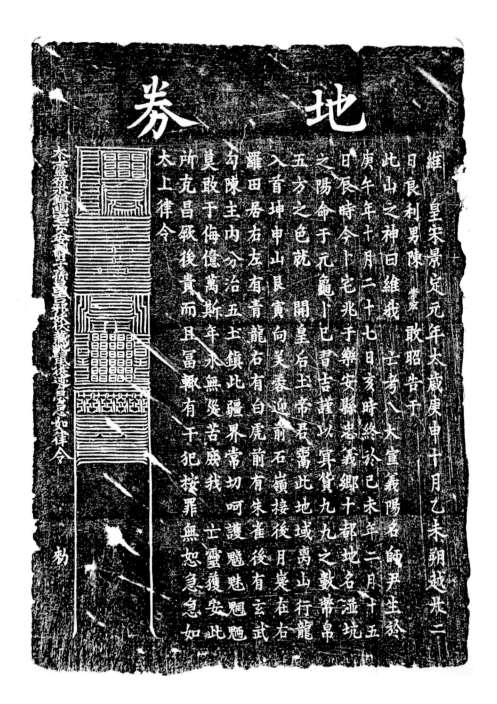

維皇宋景定元年大歲庚申十月乙未朔越廿二
日良利男陳□□敢昭告于大宣義陽名師尹生於
此山之神曰維我亡考八宣義陽名師尹生於
日庚午年十月二十七日□樂安縣忠義鄉十都地名蒂帛湮坑五
之日命于元龜卜已習吉謹以箕貨九九都地名蒂帛湮坑
入五方之色就開皇后土帝君買此地域之數行龍在右
羅田主右左有青龍石有白虎前有朱雀後月是玄武
勾陳坤申山艮寅向美番迎俞石嶺接後月是山在右龍
莫敢于侮後貴而且冨輒有干犯按罪無恕
所克昌矦後貴而且冨輒有干犯護衛魍魎魍
太上律令後貴而且冨輒有干犯按罪無恕急急如
敕

七十五、宋方氏墓誌　景定五年（1264）九月二十五日

額正書：宋方氏墓誌

　　母夫人方氏，自配先君，克守婦 / 道，勤儉和睦，家道以奠，有光先 / 業。生男三人。次男如川，未及奉襄 / 而死。女一人。孫女七人。夫人生於 / 紹熙之壬子九月初九夘時，卒 / 於景定之癸亥十月十七日，享 / 年七十有二。今以甲子九月二 / 十五日丙申葬于里南之小兜， / 其地西兌，行龍坐兌向夘，山環水 / 挹，永為真歸。孤哀子歐如輝泣血誌。

　　高 51 釐米，寬 35.5 釐米。正書 10 行，滿行 13 字。

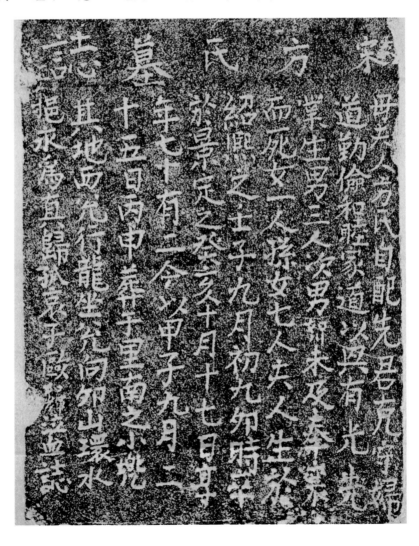

七十六、宋胡堯壙記　　咸淳二年（1266）十二月二十四日

額正書四行：有宋 / 種學 / 胡公 / 壙記

公姓胡，諱堯，字伯夒，世居撫之金谿夏池。曾大父□，大父金，父德明，/ 俱潛德勿用。公生而穎悟，魁梧奇偉，篤志好學。嘗欲就有道正之，/ 遂師竹林陳先生，五年便作佳士。故升橋門與里選，顯用於當世。/ 非公之故舊，則從公之遊者。而公屢蜚声璧水，然終不謂，命也。每 / 以學無止法，誨人不倦為心。乃於所居之西刱一書舍，榜曰「種學」，/ 朝夕自勉，以覺後覺。公娶盱江李氏，生子五人：長楚材，再娶張氏；次 / 桂子，娶蔡氏；應子，娶余氏；憲子，出継于南城昶原徐；惠子，娶余氏。孫十人：/ 寄老、申老、華孫、芳孫、佑孫、細孫、蘇郎、景孫、覩孫、関孫。女孫三人：長適周；/ 次適聶，又其次適黃。公生於丙辰八月，卒于淳祐戊申正月，享年五十一。/ 己酉冬，卜葬于金坑。越四歲，地仙言非其所。壬子冬，改葬于屋之西隅。越九年，如金 / 坑葬。後庚申冬，遂又停于董家原。又越七年丙寅，方得地于崇峯大石坑，以其 / 年臘月壬午日安厝，坐辛面乙，山環水遶，永為宅兆。諸孤未能丐銘于當 / 世顯君子，姑述其大槩云。孝男楚材泣血拜書拜書。

高 61 釐米，寬 34 釐米。正書 13 行，滿行 26 字。

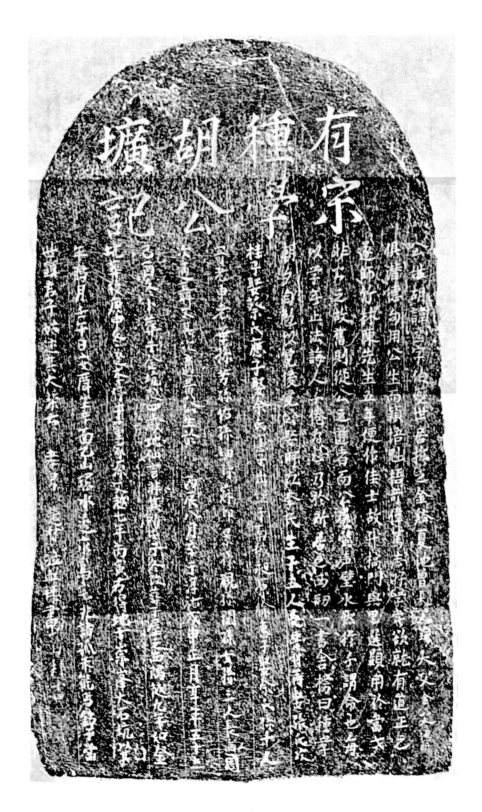

七十七、宋羅道洪暨妻陳氏墓誌　　咸淳三年（1267）十二月八日

額正書四行：有宋／羅君／陳氏／墓誌

先君諱道洪，字仲德。始祖六承事廬陵印江人也。祖代為師，於元祐年間遷於／吉水仁壽盧兜驛左江之北。曾祖紹宗，祖克恭。父法崇，字彥國，母高氏，弟仲深。／於淳熙年間再遷盧兜市背江之南。先君生於紹熙二年辛亥四月三十日子／時，母陳氏生於庚戌十月十八日亥時。兄弟續傳祖宗香火，兼以陰陽術業，遍／遊四遠士大夫之門，莫不愛重。長男惟椿，娶王氏；次惟真，娶劉氏；幼惟賢，娶鄧氏。／女三人。男孫文郁、文卿、文梆、文璧、文瑩、文璽。先君為性吉直，居鄉里，俱和睦。訓子／孫，盡准繩。又且克終孝道，與弟仲深處家勤儉，二十余年方柝，鄰里鄉黨莫不／稱我君之德。先君自歷星霜，結廬凡經五次。於端平年間荷陰相默扶，得陰宅／在土名東山相公，坑作丑艮，山坤未向，以為夫婦億萬斯年安身修養之所。母／終於宝祐二年甲寅十二月二十六日未時，後於乙卯宝祐三年九月庚申安／厝，居之右。今經一十余載，由此家道日昊，子孫日盛。方喜我君甫登上壽，以遂／平生之志。忽於丙寅咸淳二年十二月初五日辰時，生固疾而返仙宮，享年七／十有六。惟椿兄弟日思先君創業艱難，育我訓我，飲我食我，難報劬勞之恩。卜／以丁卯咸淳三年十二月初八日庚申，扶靈柩安厝居之左。今先君棄世，使諸／孤癏癏在疚，其將何以寄无窮之悲邪！姑述歲月，刻石納諸墓，以俟乞銘於當／世君子，男惟椿等泣血百拜謹誌。

從政郎、新壐州州學教授田鎮則填諱。

高 61 釐米，寬 34.5 釐米。正書 16 行，滿行 30 字。

墓誌　陳氏　羅君　有宋

先君諱道洪字仲德始祖六承事盧陵甲江人也祖代為師於元祐年間迁於
吉水仁壽鄉盧兜驛左江之比曾祖紹宗祖克恭父法崇字奏園母高氏弟仲漂
於淳熙年間再迁盧兜市肯江之南先君生於紹興二年辛亥四月三十日子
時母陳氏生於庚戌十月十八日亥時兄弟續傳祖宗者火兼以陰陽術業通
遊四遠士大夫之門莫不愛重長男惟椿聚王氏次惟真娶劉氏幼
女三人男孫文郁文卿文璧文瑩文靈先君為性吉直君鄉鄰里俱和睦訓子
孫及逆純又且克終孝道興茅仲深處家勤儉二十餘年方析產鄉鄰里
輯我君之德先君自歷星福結盧九經五次於端平年間佾相黙扶得陰宅
在上省東山相公坑作五良山未向以為夫婦億萬斯年安身修養之所母
終於堂二年甲寅十二月二十六日未時後於乙卯室祐三年九月庚申安
層君之者今經一十餘載由此家道日與子孫日盛方喜我君甫登上壽以遂
平生之志忽於丙寅咸淳二年十二月初五日辰時生固疾而返仙官享年七
十有六惟椿兄弟自思先君創業艱育我訓我飲我食我難報劬勞之恩下
以丁卯咸淳三年十二月初八日庚申扶靈柩安厝君之左今先君素世使諸
孤孱孱在茲其將何以寄先罔之悲邪始述歲月刻石納諸墓以俟乞銘於當
世君子弟男惟椿等泣血百拜謹誌
從政郎新贛州州學教授田鎮則填諱

七十八、宋戴天祐壙記　咸淳四年（1268）八月二十七日

額正書四行：先師／管轄／戴君／壙記

先師諱天祐，表吉甫，號樵庵。家撫金谿，生開／禧乙丑九月初五，自刼弃俗居嶽宮。端平／甲午，先侍祖王君諱得□自妙□來主祠／事。先師蒙恩被褐，禮先師祖曾君／諱克振為師。淳祐癸卯，先師奉臺檄充典／領，遂移立石鐘觀額，祝聖度人，賜號／通妙大師。繼此營繕無虛日，積勞成疾，卒／於咸淳丙寅十月二十日。生前□地于二／都劉家原，其地震山來龍坐艮向坤，水歸／乾亥。徒弟饒居敬、陳居直、師孫胡道宏以戊辰八／月二十七丙午日，奉劒履歸葬焉。姑摭其／實，納諸壙以識歲月云。居敬等稽首百拜書。

高 52 釐米，寬 31 釐米。正書 12 行，滿行 16 字。

先師
管轄
戴君
壙記

先師諱天祐袁吉南巂椎庵家無一
禧乙丑九月初五日幼弃俗居于
甲午先師侍祖玉君諱譔自幼
事先師蒙恩被褐禮　先師奉
諱克輔為師淳祐癸卯祝　聖庭
頌遂移立石鐘觀額無虛日積
通妙大師繼此營繕無虛向坤永　二
於咸淳丙寅十月二十日生前
都劉家原其地震山來龍坐艮
乾亥徒弟饒嚴陳置師孫胡道宏以
月二十九丙午日奉斂履歸葬
質納諸壙以識歲月云　　拜書

七十九、宋陳文旺壙記　　咸淳四年（1268）十月二十日

額正書五行：宋故／陳公／十一／承事／壙記

公姓陳，諱文旺，世居饒之餘干習泰英原。曾祖裕，祖欽，父彥誠，俱以善／稱。母龔氏，即予之曾老姑也。公稟性溫柔，為人簡古，克勤克儉，善治生／理，家道日益興，田園日益闢。處族屬以和，待姻親以禮。動容周旋，無忤／於物。自晚歲來，雙目暫失微明。纖細家務，悉畀之子，不以一事縈其心。／杜門優游，怡然自得，若子若孫，爭先奉養，晏如也。於仲夏初，忽以疾告，／醫禱交盡，漠無其效，竟終于正寢。嗚呼！子欲養而親不待，亦可哀也已。／公娶王氏。男一人，元德。媳婦張氏。女二人：長適盛貴；次適萬仲富。皆同里／人。萬氏女，先公十七年卒，公甚憐之。孫男思恭、思謙、思賢。孫媳婦吳／氏、胡氏、胡氏。曾孫男壬保、添孫、細壬、丙孫、三保。曾孫女姜姊、酉姊、壬妹、／夘姑，俱幼。公生於慶元戊午十二月初六日，歿於咸淳戊辰五月二十／有九日，享年七十有一。以是年十月二十丁酉日得吉，卜於凰原百斛／山之陽，其地艮壬山，行龍坐兌庚，作甲夘向。左青龍，右白虎，前朱雀，後／玄武。將窆遠日有期，其孤嗚咽流涕，請記於予。欲勒石，納諸幽宅，以為／不朽。予獲忝表從間，既親且鄰，平日與公厚善，稔知其為人。義不容辭，／姑摭其大槩云。

國學進士龔應夘謹誌。

高 69 釐米，寬 33 釐米。正書 15 行，滿行 27 字。

宋故陳公十一承事壙記

公姓陳諱文旺世君饒之餘干習赤英原曾祖裕祖欽父彥誠俱以善

稱母龔氏郎亨之曾老姑也公稟性溫柔鴻人簡古克勤克儉善治生

理家道日益興田園日益闢處族屬以和待姻朋以禮動容周旋無忤心

於物自晚歲來雙目曹失微明纖細家務悉畢於仲夏初忽以疾告

杜門優游怡然自得若子若孫爭鳴呼子欲養而親不待亦哀也已

醫禱交盡漠無其效竟終于正寢嗚呼二人長適盛貴次萬仲富皆同里

公娶王氏男一人元德媳婦張氏女二孫三保曾孫女妾姊壬妹

人耳萬氏胡氏女先公甚憐之一孫男思恭思謙思賢孫媳婦吳

氏胡氏胡氏曾孫男士保添孫細壬丙孫思

郊姑俱幼公生於慶元戊午十二月初六日歿於咸淳戊辰五月二十

有九日享年七十有一以是年十月二十丁酉日得吉卜於鳳原百斛

山之陽其地艮山行龍坐乾作甲卯向左青龍右白虎幽宅以後

玄武將窆遠日有期其孤嗚咽流淨讀記於予欲勒石納諸朱雀前

不朽子復喬表從聞昆親且鄰平日與公厚善稔知其為人義不容辭

姑撫其大槩云　　國學進士龔應郊謹誌

八十、宋程學禮墓誌　　咸淳六年（1270）四月十六日

額篆書四行：宋故／程省／元墓／誌銘

宋故程千九省元墓誌銘／

鄉漕貢進士、登仕郎鄔霆炎撰。／

迪功郎、前靜江府興安縣簿尉何晋書。／

迪功郎、新靜江府臨桂縣主簿黃丙炎篆蓋。／

咸淳己巳春，撫崇仁鄉塾有為其徒考業者，鄉先達從而序之，且／名之叺集英，余寓目焉，則皆俊才也。而程子立性行醇篤，文咄咄／逼其師，屢爭衡庠序間。余啓其養端，則曾祖演、祖應、父叔琳也，乃／余素聞其能以三尺活人者也。扵是歎曰：「有陰惪者食其報，固其／理歟。」未幾，染奇疾，湯熨迭施，竟不起，峕庚午三月晦也。余徃唁之，／父偕其母黃泣曰：「吾次兒學禮以戊申五月二十八日生，晬未周，／家罹橫逆。稍長，吾從諸貴人宦遊輒數千里。所淂，悉叺資束脩。此／兒亦能體吾意，冬不爐，夏不扇，學粗知方。分毫未及展而至扵是，／吾固薄命矣，而吾兒亦何其命薄耶！」余曰：「嗚呼！良才未拱把而夭／闋之，命也，是殆未易叺理推也。」將以四月乙酉葬邑東長安鄉三／山之小孤坑，依先塋也。前事五日，命其長子學古来乞銘，銘曰：／

世種惪，理宜食。胡斯人，有斯疾。／命實然，理難測。斂爾形，及玄宅。

高 58 釐米，寬 39 釐米。正書 17 行，滿行 25 字。

宋故
程省
元藝
墓誌銘

宋故程千九省元墓誌銘

鄉　□貢進士登仕郎鄒建炎撰
迪功郎前靜江府興安縣簿尉何晉書
迪功郎新靜江府臨桂縣主簿黃丙炎篆盖

咸淳己巳春撫棠仁鄉塾有為其後考業者鄉先達沒而厚之且
名之以集英余寓目焉則皆俊士也而程學立性行醇厚□□□乃
逼其師屬爭衡庠序間余瞻其拳端則曾祖濱祖應父卅琳也卟卟
余熹聞其能以三尺活人者也於是歎曰有陰惠者食其報固其
理歟未幾染奇疾湯熨遂施竟不起庚午三月晦也余往唁之
父偕其母黃泣曰吾次兒學禮以戊申五月二十八日生睥未周
家罹橫逆稍長吾兒茇詰貴人官遊報毅千里所得卷以資束備峽
兒亦能體吾意冬不爐夏不扇耶余曰嗚呼良村未拱把而至於是
吾固薄命矣而吾兒六何其命薄耶余曰嗚呼良村未拱把而至於天
闚之命也是殆未易以理推也將以四月乙酉葬邑東長安鄉三
山之小孤坑似先塋也前事五日命其長子學古來乞銘銘曰

世種惠　　胡斯人　有斯疾
理宣食　　飲爾形　及玄宅
理難測　　俞寶逵

八十一、宋匯巖和尚塔記　咸淳七年（1271）十二月七日

額隸書四行：圓宗／匯巖／和尚／塔記

先師俗姓雷，諱普淮，號匯岩，建昌南城壘石人也。／前歸州守豊即其譜系。齠齔出家，落髮于撫之金谿潯源院，／禮師祖利和尚為師，自侍師祖與師祖示宋後，几三／董院事，以公平稱。師心仁恕，性剛直，安義命，泯是非，有／容德。喜筆儒釋源委，一字必加考訂。日用常行亦謹，其／書賓客任真，金谷信緣，未嘗燥急。好蒔椒桐梨栗，昧師／意者取，訕笑不沮。逮收實利，群□往往竊取，竟敗志。寺／衆或忤意逆志，勿較。念修堂廡，弗果。自師祖示宋後，事／勢浸殊。晚淂貴寓，施造化手，廚盦始續。師董院，不私己，／衣鉢蕭然，无怨言。子月十一日，鄰寺静思□供，師徃，夜／分風痰作。翼日歸，聲音不出，有頃示寂。師生於辛酉，僧／臘七十有一。卜以初七藏隻履于寺東，去所治樂丘趾步。／坐亥向巳，水歸甲卯。先師嗣了一、行者了昱奉師叔／普澄命，直述大槩，納諸幽云。咸淳七季辛未十二月初／七日，嗣法了一百拜書。

高 64 釐米，寬 39 釐米。正書 15 行，滿行 21 字。

塔記　和尚　匯巖　圓宗

先師俗姓雷諱普進號匯奎建昌南城墨石人也前鍾
州守曹即其諸孫嚴出家長落愛于撫之金谷淨源
院禮師祖利和尚為師祖得師祖興屆後凡三
董院事以公平稱師心仁恕性剛直安義命況是非有
容德喜華儲種源委一字必如塔釘日用嚴行亦選其
書賓客任真金谷信緣承等操得教桐契果昧師
意者孔訒象不祖達收貴刻君罪
衆寔恃意逆志勿念念修堂要典蔘
勢寔殊既得貴寓把進化手廚重意思
衣鉢蕭然无怨言子月十一日翻牛嚴思
分風庭作翼日歸聲音不出有須示寂師生於戊首僧
臘七十有一卜以初七藏雙履于寺東之所名樂丘建
步坐亥向巳水歸甲卯先師嗣了一行者呈星呈奉師叔
晉凝命直述大縣納諸曲云咸淳七季卒未十二月初
七日嗣注了一百拜書

八十二、金王宗孟墓誌　天會十五年（1137）十一月十四日

誌蓋篆書四行：故邢州／堯山縣／主簿王／君墓銘。高 45 釐米，寬 46 釐米。

故邢州堯山縣主簿王公墓誌銘／

前進士上官昶撰。／

文林郎、守太子校書郎、前高平縣主簿、兼知縣尉滑可立書。／

姪男進士良弼篆蓋。／

公諱宗孟，字景純。曾祖考諱儀，祖考諱德升，父考諱文。其先占籍高平縣，後徙居晉城，為郡大姓，三／代皆晦迹不仕。公天資聰明，秀穎特異，總角讀書，不作兒童戲。既長，博通經史。于時取士之科，有詞／賦，有明經，有學究，有明法。大抵時之所尚，以詞賦為先。公既不喜為章句儒，且羞為法家而不讀律，／遂專攻詞賦，作者服其能。爾後每至秋賦，就會試於今昭義，再奪文解。迨熙寧初，王氏之學既興，／純以經術取士，而詞賦之科遂廢矣。公於是專以教子袞為事，使通諸經子之書，尤熟三經新義。時／尊新學，其博聞強記，窟疑辯惑，諸儒多請益者。所應有司之選，經專《尚書》，吐辭為義，滔滔浩浩。初試／秋闈，獨擅一日之長。旁竊觀者縮手袖間，且服且歎，果與其姪略同預解名，皆公所教之力也。至元／祐六年，公受特恩，廷試中選，受文學，避諱改州助教。其子袞預正奏名，前公一日廷試中進士高第。／既還故里，親舊迎賀，有衣錦之榮。父子同之，前此蓋未有比者。未幾，調邢州堯山縣主簿，安之若命，／不起棲鸞之歎，雖曰佐縣，實多惠政。遠思親族，至服食器用，時寄均惠，蓋公之不吝，本乎天性之義／則然。先是，公之弟亡，三子孤遺，如良弼者皆幼。公留意字育飲食教誨之，至今皆為成人。然初為嚴／氏疾之，公惡而勿恤，終至反目。鄉之好德君子，莫不服其以義斷恩，為友于者之所胥慟焉。公前在／任日，以管勾牧馬有勞，減磨勘四年，歸而弗就，則公之視爵祿亦輕矣。況家素殷，志高氣揚，又其／子袞每割清俸，以奉甘旨，於是遠謝勢榮，退安舊第。雖無當門之五柳，亦有就荒之三徑。園林既茂，／松菊猶存，攜幼入室，欣欣而樂，有酒盈罇，陶陶而醉。南窓之明呈以寄傲，琴書之樂呈以消憂。歲時／伏臘，良集親賓，把盞笑傲，率以為常。而又間多酬唱，膾炙人口，前輩耆老頗能誦之。日復一日，行三／十年，則公之享福，儗《洪範》之五者，真可尚已。噫！人生一世間，其來若浮，其去若休，然不

滿其志者十／常八九。如公之享受，志亦呂矣。雖有孤猿啼月墳上，果何憾焉！以大觀元年九月二十日寢疾，卒于／家，享年八十有一。娶陳氏，繼娶賈氏、嚴氏。男三人：長曰涇，後公六年卒；次曰濤，少負奇才，學未可量，／不幸蚤夭，先公六十二年卒；次曰袞，故知嵐州宜芳縣事，後公三十一年卒。女四人：長適進士郭煥；／次適進士嚴適；次適進士滑庠；次適進士周之才。孫男六人：長曰大年，舉進士；次曰允弼，西班小底，／前任權高平主簿兼知縣尉；次曰大忠，次曰大受，次曰大護，次曰大韶，皆肄業扸學。孫女八人：長適／進士郭時敏；次適金州户曹都彥倫；次適進士陳子韶；次適鄜延路弟四部將陳泰，次適進士張錫；／次適進士劉楫；二幼。且女之所適，皆得嘉偶，如都、張、陳氏，非特當時之名家，亦皆一時之聞人，允謂／得所嫁矣。曾孫男四人：光國、光祖、光烈、光輝，皆幼。卜以天會十五年十一月壬寅日，葬于本縣移風／鄉招賢里白水原之新阡，夫人皆祔焉，禮也。其孫大年以次，前期狀公之行事來告，且丏銘扸予。／固辭，既不獲矣，乃為之銘曰：／

王氏之先，慶祚綿綿。世為巨姓，赫奕光傳。猗嗟我公，蚤善詞賦。熙寧改科，遭迴遲暮。／元祐復古，大母垂簾。振淹拔滯，雨露恩霑。鸞棲一官，折腰是恥。歸三十年，優游閭里。／既富而康，既壽而臧。考終天命，五福難量。教子克家，博聞強記。射策彤廷，榮中高第。／源流後昆，宜通子孫。詵詵而德，繩繩而溫。白水平原，兆乎雪壤。銘發幽光，將來是仰。

酒貴刊。

高 70.5 釐米，寬 62 釐米。正書 35 行，滿行 38 字。

故荆州山□縣
庄娄灌王墓
君墓銘

故郢州堯山縣主簿王公墓誌銘

八十三、金法安塔銘　　大定五年（1165）四月

汝州郟城縣開化寺東律院主僧安公塔銘并序

鄉貢進士劉涇撰。／

吾師諱法安，俗姓李，荊門軍人也。年一十九，出家礼夲寺羅漢院主僧德詮為師。／於當年三月間，買到度牒，受戒為僧。至阜昌五年，住持夲院。以身率其徒眾，／戒行精進，闔境歸依。而有夲寺大殿歷經歲月，傾毀穿弊，仰漏日光。師覩其如是，喟／然歎曰：「我昔居擾攘之際，幾不得生，而至於此。飽食煖衣，咸荷佛廕，豈不修因果而／報恩焉。」誠欸修完，惟患力乏不逮。特命師兄法興、師弟法明而言曰：「我等實如手足，欸／建此事，願相助焉。」二師皆曰：「公有此志，焉敢不同。」師於是出橐中資，市四方精良藥物，／治為湯劑。求之者輒應，服之者輒愈。積其所得，而盡出用之。十方檀越共□作之，其／大殿者皆易而完飾之。自乎經始，逮其落成，凡經數載。然後有東律院主僧永福喜／其功行俱全，賮縣令李公書，敦請住持。既受其請，於皇統元年四月十五日，因疾而／逝焉，享年三十四，僧臘一十五。前後所度門弟子智修等一十四人，復於天德二年／四月十九日葬師於本縣西北均台鄉東萬仙村。今門弟子智修歲次大定乙酉辛巳／月請銘其先師功行，將刻于堅石，傳之後世。僕既辱命，不獲固辭，其頌曰：／

特守戒行，以嚴以精。完飾殿宇，竭精竭誠。／二者之難，惟師俱有。銘辭于石，用傳不朽。／

師孫僧洪道、洪經、師政、師端、洪教。門人僧／智秀、智善、智連、智潤、智彥、智溫、智景、智浩、智深、智信、智雲。／

住持東律院兼寺主僧智亮。／

前住持東律院兼寺主、建塔立石僧智修。／

管內教門事、住持羅漢院、監寺僧智達書。

高 44.5 釐米，寬 45 釐米。正書 20 行，滿行 32 字。

八十四、金王福墓誌　明昌元年（1190）七月十五日

額篆書四行：大金 / 故王 / 公墓 / 誌銘

大金故王公墓誌銘 /
徵事郎、試大興府大興縣令、飛騎尉、借緋劉從善撰。 /
鄉貢進士遼陽劉元外篆額。 /
鄉貢進士孫永貞書丹。 /
公諱福，字仲僖，夲古沁武鄉人也。初，公之曾祖諱安，居於長樂，有祖墳存焉。娶郭氏，生四子。公之祖，其 / 長焉，諱德朝。知夫源疏則流派分，夲大則枝葉茂。迺析居而家新安里，以田桑事業。且念舊里相去逾七 / 十里，時祭之礼或多闕焉。又恐後人愈為之疎怠，遂於村之北，卜以吉地，植以奇木，而立以墳塋。德朝娶 / 徐氏，後有三子：公之父又其長焉，諱茂；次曰立；曰誠。娶趙氏，生子三人：孟未名而他之，莫知所在焉；仲其 / 公也；季曰權。公之幼，而乃祖乃父俱厭世，公具藏儀而藏於墳。公後娶程氏，因其祖業增置益大。外則善 / 交友，樂施與；內則睦親族，正家道。其儉德孝行、義風家法，為鄉閭所稱美。公富於春秋，於貞元二季八月 / 十一日以病卒於家，享壽四十有五。有子四人：長訓，字道通；次未名而喪；次證，未嗣而喪；次 / 註。是時，惟訓 / 長立，姑於公克斂焉。公旣歿後三載，程氏卒。諸子欲葬，迺破塚啓棺，但見其衣被已壞，骨肉不分毫腐朽， / 乾徹如木。鄉里父老共讚曰：「雖五七百歲，未甞聞之矣。」訓娶李氏，生子三人：永亨、永貞、永思。註娶李氏，生 / 子五人：永孚、永椿、永堅、永順、永嵓。噫！公之嗣續若此，豈公之德致然耶。如公之德，則豐其後也宜乎。訓念 / 祖先之垂裕，思孝敬而不忘。遂於圍卜其宅兆，辨之以尊卑後先之位，飾之以棺椁衣衾之羙。以己夘年 / 十月吉日而安措之，迨明昌庚戌，訓又用己賄而搆斯堂，立斯碣。則人子之道，始終畢於是矣。因索銘於 / 僕，僕公之孫女夫也。竊知立銘建碣，自古足多；發德揚光，非文孰可。欲辤而何，迺摭其實而為之銘曰： /
如公之人，克堅所守。孝道著矣，善於父母。悌行立矣，移及朋友。 / 儉德為矣，其財以阜。天胡使耶，不有其壽。夫惟不有，以惠厥後。 / 子孫蕃衍，旣豐且厚。厚公之葬，北崗其首。松栢其茂，塚壁其久。 / 銘之於石，靈名不朽。 /
峕明昌庚戌夷則望日男王訓立石。 /

構堂者魏溢，刻石者馮沂、趙元。

高 136 釐米，寬 69 釐米。正書 23 行，滿行 40 字。

八十五、金王氏墓誌　明昌五年（1194）六月十三日

額篆書：王氏墓銘

金故張公妻王氏墓誌銘 /
朝奉大夫孫、鄉貢進士陳若昧撰。 /
澤州高平縣故張公妻者，同邑進義校尉王載之女。王氏幼居母家，淑慎貞靜， / 親族皆異之。及笄，德充於容，行履於言，張公聞而娶之。公諱百祿，字德實。自成 / 童克家，重諾好義，鄉閭重之。不幸，年二十五歲，卒于家。男鈞、女進奴並孤藐，資 / 貨一無私遺。王氏殊不介意，但憤然守節，誓不再醮，終養舅姑。夙夜劬心，教育 / 稚子，始終以義。父母欲奪而嫁之者再三，王氏垂涕謂曰：「禮，婦無二適之文，詎 / 可污我行耶！」竟弗許，弟育德清躬，式是嬪則。婉慧有貞節，孝敬以自處，儉讓以 / 自持。閨門之內，周旋動靜，舉適禮法，中外則之。居尊卑間，一無閒言。禮待親戚， / 無有厚薄。凡所營葺，悉有條序，皆人所難者。張公之業不墜，王氏之力歟！前後 / 守節近三十年，僅如一日。雖古貞女節婦，美無加焉。朙昌甲寅五月二十七日 / 因疾甚，謂其子鈞曰：「我終之後，爾毋厚葬。」語訖，不時而逝，時春秋五十四 / 矣。男 / 鈞亦善治生，綽有父風，娶同里董文林之女。女適校尉韓思敬。孫男 / 定孫尚幼。 / 孫女迎璋亦幼，在室。鈞以即年夏六月十三日，葬於泫水之北祁家蘭東先塋 / 之側，祔張公焉。將葬，鈞狀其遺躅，造語僕曰：「天禍我家，上延所恃。顧我母之行 / 事，意享福以延年，何其天不與齡，遽罹疾而辭世。嗚呼哀哉！欲報其德，昊天罔 / 極。而不立誌石，懼久湮没，非所以昭聖善、褒先美、展孝心於万一也，敢丐 / 以銘。」僕與鈞素親舊，義不可辭，聊紀其實，為之銘曰： /

猗歟王氏，守志謹恪。父母奪之，誓而弗諾。 / 能執婦道，仍肅閨儀。淑慎其身，伊誰似之。 / 卜宅云何，爰近先塋。閟此爽魄，鬱鬱佳城。 / 刻之琬琰，庶為傳美。丘壠或平，名其不死。 /

昭信校尉男鄉貢進士韓思溫書丹，安遠大將軍男臨潢進士孟仲述篆額，趙志刊。

高 77 釐米，寬 50 釐米。正書 22 行，滿行 30 字。

八十六、元王氏地券　至元十八年（1281）或至正元年（1341）

故先妣王氏地券／

相厥陰陽，卜其宅兆，茲得龍眠之地，／實勝牛臥之岡。雖開皇地主之所司，／幸日值使者之可託。用千緡財賄買／四止山林，地名八都。厚坑穴作巳山／亥向，左止坤而右止艮，後止巽而左／止乾，各去六十步方圓，永綏千萬年／基址。光華前代，蔭益後人。保見者堅／固真仙，書契則天官道士。猶防陰魅／肆侮，故立石券為憑。辛巳仲冬甲申／日，孤哀子毛文貴、彬、友、宏、宗、富立券。

高 42 釐米，寬 36 釐米。正書 11 行，滿行 14 字。

八十七、元廖文昌墓記　至元二十七年（1290）四月十三日

故廖公百二承事墓記 /

先考姓廖氏，諱文昌，字盛甫，家世臨川。祖父潛得弗顯于時，先 / 考性資質直，處事剛決，以勤儉起家，以淳為見稱於鄉黨。與朋 / 友交，言而友信。誨諸子，則義方之訓甚嚴，卒皆成就。晚歲，徜徉 / 里閈，惟留意釋典，不憚寒暑，奉持弗輟。皆以壽考期之，夫何一 / 疾奄然而化，嗚呼痛哉！先考生扵前甲戌十一月初七日，娶白 / 氏，先卒。男元慶，娶張氏，相継而喪。次男元壽、元福。媳婦鄧氏。女 / 二人：長妙英，適黃永年；次妙惠，適李世傑。孫男十人：壽孫、康孫、 / 仁孫、寧孫、義孫、桂壽、禮孫、智孫、信孫、関孫。孫媳婦胡氏。女孫五 / 人：淑端、妙清、妙真、淑真、壬娘。孫壻三人：夏良、唐昊宗、管岳孫。外 / 孫六人：黃淑静、黃回生、李老秀、李関壽、李慶壽、李長壽。外孫壻 / 管衡。孫森列于前，人羨榮盛。先考以至元戊子六月初四日傾 / 逝，享年七十有五歲。卜以庚寅年四月十三日，奉靈柩葬于臨 / 川縣臨汝鄉一都之長源，卯山兊向，允謂佳城。襄奉有期，不敢 / 謁銘當世之名士，姑述先考平生大槩，勒之堅石，聊紀歲月，納 / 諸幽宮，用傳不朽云。孤哀子元壽、元福等泣血書。

高 67 釐米，寬 50 釐米。正書 16 行，滿行 24 字。按此墓誌是磨礱前朝宋人墓誌而成，尚有一些字跡清晰可辨，宋代墓誌主人「亡室晏氏」正是「大丞相元獻公」也就是晏殊的女兒。

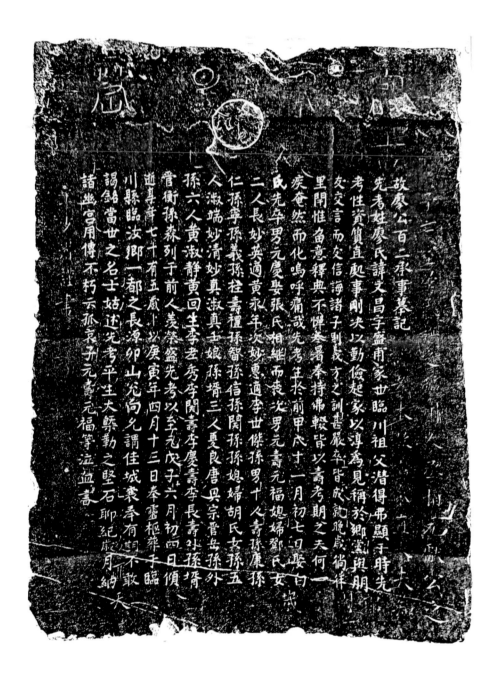

故廖公百二承事墓記

先考姓廖氏諱文昌字盛甫家世臨川祖父潛得弗顯于時先
考性資質直趨事剛決以勤儉起家以導為見稱於郷黨與朋
友交言而友信諸子則長方之訓甚嚴牽皆成就晚歲徜祥
里閭惟魚意釋典不憚奉持佛輅皆以壽考期之天何一
疾奄然而化嗚呼痛哉先考年於前甲戌十一月初七日娶白氏
氏先卒男元慶娶張氏相繼而喪次男元壽元福媳婦鄧氏女
二人長妙英適黄永平次妙惠適李世傑孫男十人壽孫外
人淑端妙清妙真淑真士娘孫塔三人夏良唐吳宗晉岳孫塔
仁孫孝孫義孫桂壽禮孫智孫信孫關孫孫娘婦胡氏女孫五
曾衡孫森列于前人羡榮盜先考以至元戊子六月初四日傾
逝事年七十有五歲庚寅年四月十三日奉靈柩葬于臨
川縣臨汝郷一都之長源卯山兊向兊謂佳城襄奉有輯
謁銘當世之名士姑述先考平生大槩勒之堅石耶紀歲月納于
諸幽宮用傳不朽云孤哀子元壽元福等泣血書

八十八、元危千齡壙記　元貞三年（1297）十月七日

額正書五行：危 / 公孔 / 坡居 / 士壙 / 記

先君諱千齡，字耆叟，世居撫之臨川危方。曾大父欽道，大父至 / 言，父棣，皆隱德弗耀。公生於窀族，壯以功名自期，欲継芳躅于 / 驪塘先生，故胷次抱負不淺。試名場不利，惟結交于侯門，不苟 / 容阿好，介然以剛毅自立。且衣冠儼飾，不失其為老儒。生平詩 / 酒自娛，於鄉黨僚友間歡如也。早年叶婚于桐嶺，帰而握家道， / 育義男，卓然門户有立。公乃結庐於孔凹，号孔坡。引流種樹，鑿 / 圃蒔花，田園事業，勃勃生意。明窻净几之下，蘇黃詩卷殆不釋 / 手。公之志遂矣。奈何晚景失助，幸諸孤克尊父道，菽水之奉尤 / 篤。優游数年，皆以瞿鑠翁為賀。豈期一老天不愸遺，哀哉！公娶 / 夏氏。男二人：長宗元，娶僥氏；次継元，娶陳氏，卒後，以丁酉橫橈 / 卒。義男李時敏。女一人，適讓里進士黃允治。孫一人，立孫。女孫 / 一人，招姑，亦亡。公生宋己巳五月二十一日，卒於大元至元二 / 十九年八月日，亨年八十有三。後以亡運不通，弗克早葬。今淂 / 吉卜，于居後坐乾作巽，以丁酉十月初七日丙申，忍死奉柩帰 / 窆。靈其妥斯，以福我後嗣。孤哀子泣血拜書。

高 50 釐米，寬 32 釐米，有界格。正書 15 行，滿行 24 字。

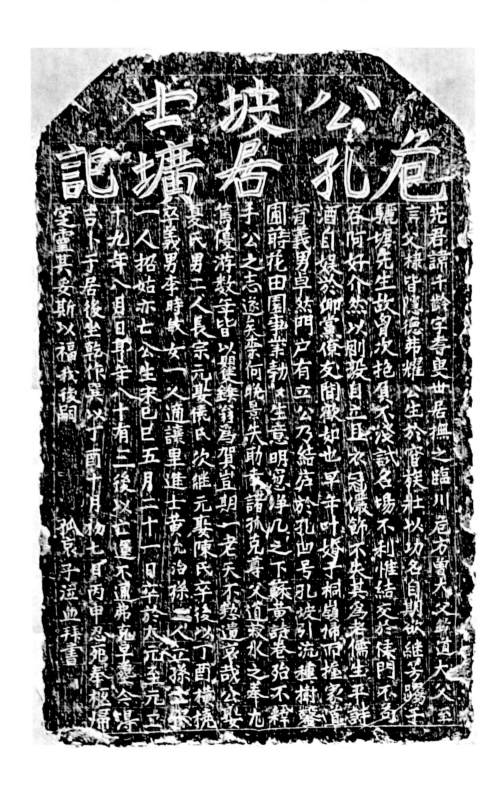

八十九、元丁才先墓誌　大德五年（1301）三月十三日

額正書四行：先君／丁公／少八／承事

先君諱才先，生宋宝慶丙戌十二月初弎日，歿元大／德辛丑三月十三日，享季七十有六，於是季臘月己／未始克葬公。世居六十二都丁坊，曾大父，大父，／父有德。公嘗向孤言：「吾幼莊重岐嶷，特為先父所器重。／長勤農菜，務本業。性平直，處鄉和，與鄰睦。暨後蓄養／蕃，粟帛豐，家道日裕。晚值世变，人謀不臧，嫁禍頃刻。／然人不勝天，数剥旋復。」方謂幸覩太平，二親耆壽，不／肖孤得尽菽水之養。天不憖遺吾父，竟一疾不起。未／歿前不茹葷，曰：「我幸不死，誓持齋。萬一不幸，歲時亦／無以腥葷污我。」其亦知所指帰矣。嗚呼痛哉！公娶易／氏。男一，仲礼，婦黃氏。孫男四：元凱、元宝、元英、元海。長娶王，二娶／方，三娶艾，四幼。曾孫男二：王姑、朝。女三：長適下車黃，次／適西崗王，季適石陂方。孫女一，招同里林夢云。曾孫／女四，幼。兹卜地路边山淂吉兆，日月有期，將忍死奉／柩葬焉。庶幾永妥冥骨，克昌厥後。謹用刻石，誌歲月／以藏諸幽宮。孤子丁仲礼泣血拜書。

高 52 釐米，寬 34 釐米。正書 16 行，滿行 24 字。

先君

丁公

少八

承事

先君諱十先生某寶慶丙戌十二月初三日歿元太

德辛丑二月十三日事季七十有六於足季臘月己

未始亥舜公世居六十二都丁坊曾大父大父

父有源公嘗向孤言吾幼莊重峩特爲先父所噐重

長勤農親扶拊本業性平直愿卿和與鄰睦暨後蓋養

劬果常豐家道日裕晚值世爽禍頃刻

然人不勝天數剝我方謂辛觀太平二親考壽下

肯孤得尽寂水之養天不慭遺音父竟一疾不起季

殁前不茹葷日我亦辛不死誓持齊一不幸歲膰尔

無以腥葷汙我其亦知所指帰笑鳴呼痛哉公娶昜

民男一仲礼婦黄氏孫男四元凱大宝九英九海昜

方三娶艾曰幼曾孫男二王始朝女三長適下車黄次

道中岡王季適石陂方孫女一招同里林夢云曾孫

女曰幼兹小地路邊山淂吉兆日月有期將恧死奉

柩葬馮麻炭永委真骨克昌厥後謹用刻石誌歲月

以藏諸幽宮　孤子丁仲礼泣血拜書

九十、元王有時壙記　大德十一年（1307）十二月二十九日

額正書四行：先父／王公／明四／承事

先父明四承事諱有時，古居臨川長壽六十二都吉嶺。／祖五八承事，父聰二承事。先父世業農桑，勤儉朴實，處兄弟／姻黨和氣藹然，故能自植立。晚年，方期克延遐壽，孰／謂一疾不起。悲夫痛哉！生壬子五月十三日亥時，娶妻丁氏，卒大／德丁未二月初四日，享年五十有六。男三人：士英、士信、士成。媳婦徐氏、／艾氏。女三人：長適全里丁；次適桐陂黃；餘尚幼。孫男三人：必勝、／勝孫、方孫。孫媳婦丁氏。女孫酉姑。今卜是年十二月十九庚申／日，葬所居屋後祖壟之傍，坐癸向丁，山水環秀。庶幾妥霛，／以昌厥後。孝男等泣血書，納諸壙。／

大德十一年歲丁未十二月。

高 45 釐米，寬 28 釐米。正書 10 行，滿行 25 字。

先父
王公
明四
承事

先父明四承事諱□□時世居臨川長壽六十二都□顧
祖□承事父□□承事先父世業農桑勤儉□□□□兄弟
姻黨知□柔□□熟故能自植立晚年方期克延遐壽執
謂一疾不起悲夫□□□生□五月十二日亥時娶妻□氏卒大
德丁未二月初四日□□午五十有六男三人□□□□
艾氏女三人長過全里丁次□過桐陂黃餘尚幼孫男三人□
□孫□婦丁氏女孫□□今□□午十二月二九寅申
□□所屋後祖□之儒生癸向丁山水環秀庶幾女壽
以昌嚴後孝男□□筆迪書納諸壙
大德壬午歲□未十二月□□日壙記

九十一、元趙良儀壙記　至大元年（1308）十一月十七日

額正書：故趙氏孺人壙記

孺人諱良儀，姓趙氏，世為抚之述陂人，梅州刺史汝璣之曾孫。／生数歲而失怙，又七歲而母改適塘城陳宗廉，隨母焉。歲癸酉，帰予，／甫一年而世事搶攘。緣此，私橐悉返外家。丙子，外家遭变，寓物悉／化烏有。孺人輕財重義，竭餘貲，助復讎，無靳予。夫婦命如葉薄，外／家之將既成靡有，祖宗餘蓄罹变故殆尽。壬午，先君析餘業，責兄／弟膺一户。孺人事公姑，抚兒女，勤儉理家。後数年，稍復先業，進尺／寸，內助力也。戊子，役繁難作，家由是空。挈累迁徙，孺人識岂知命，／心勞力役，无怨言，惟以分累为急。首命次子继罹為先姑之孫，名／天定。继命長子奉釋建福，名祖珉。女童婚安仁謝嶺余瑛倩也。惟／切子未十歲，在側。長舅怜之，容寘家塾，飲食数載者。数年，粗識丁／字，舅氏德也。名紹宗，取吳氏。予夫婦辛苦流寓十有五年，粗獲小／定。方期優遊偕老，不料一疾，竟至不起。嗚呼痛哉！生拎宋宝祐乙／夘七月二十三日寅旹，卒拎大元至大戊申九月二十三日巳旹，／享年五十有四。以是年十一月十七日奉枢葬于石馬屋傍，坐甲／向庚。予父子貧，不能交賓客，无階乞銘當世名筆。姑書歲月，納諸／壙云。孝夫査晉孫扰涙謹書。高鉄筆刻。

高 45 釐米，寬 30 釐米。正書 16 行，滿行 25 字。

故趙氏孺人壙記

孺人諱良儀姓趙氏世為撫之迁陵人梅州剌史汝幾之□生
叔歲而失怙又七歲而母改適遣城陳宗應隨母焉歲突歸尋
南一年而世□搶攘緣此私養悲返外家遭變寓物悉□
家之將既成扆有祖宗徐養羅芜斬子夫婦命如茶薄山兒
□□曆一戶孺人多公姑視兒女勤儉理家故殆氏子午先君斬徐黃進丁
寸內助力也戈子役家雖作家由吳空筆黑迁陡孺人識苦知命
心勞勢役既怨言惟以方黑防慈首命次子進羅為先姑去孫名
定方期攛游偕老不料一疾竟至不起鳴呼傭我生於宋宝祐乙酉
字勇氏德也名紹养取吳氏于夫婦辛苦流寓十有五年粗覆小
幼子未十歲在側長男怜之春夏冬飲食我載若牧甲粗覆小
天定繼合長子奉糈建福名祖瑕女童得安仁謝嶺余鎮儋也惟
卯七月二十二日宗省辛於大元至大戊申九月二十三日巳省
□□五寸戊年四戈是年十一月十七日拳柩萬于石馬臺傍坐甲
向廣予父子討弗能父貪衸瑞牝銘當世名筆站去歲月蚋諸
壙一云孝卦□孫技波譁□

馮跌筆刻

九十二、元徐慧敏壙記　　至大元年（1308）十二月七日

額正書四行：庶母／徐氏／孺人／壙記

庶母孺人徐氏諱慧敏，世居餘干。孺人稟性柔淑，勤女功事。至元／甲寅，先妣即世。先考以門户責重，中饋不可久虛，歷八年，辛卯，孺／人來歸。侍奉盥櫛，出納橐饘。闔門數百指，彌縫諧輯，人無間言。綴／姻族，撫孩稚，御臧獲，恩意備至，中外敬事之。如適相先考十有八／年，家道日裕，孺人力為多。生二子，俱不育。大德丁未，先考屬疾。侍／湯藥，親煩□□不瞑，衣不解者數月。先考既不幸，孺人亦以勞悴／感疾。謁史而占，□醫而藥，無虛日，試百方，弗驗，以至大戊申五月／丁丑卒。嗚呼痛哉！居仁罪逆不天，貽罰厥考。猶幸庶母壽康履盈，／保沖扶持，□□尚克有濟。曾幾何時，邊相從於地下。九原有知，先考其謂我弗克□養，以至是耶？無言及茲，衰絰沾血。嗚呼痛哉！維／是荐更大故，敢塗弗敢久。卜地於吳家山麓，離山行龍，坐兌向震，／水巽巳歸乾。其地去家為近，以是年臘月七日辛酉奉柩葬。孺人／生於寶祐戊申九月乙亥，得年五十有一。謹叙大槩，納之壙，以志／不朽。孤哀子周居仁泣血謹記。

高 76 釐米，寬 39 釐米。正書 14 行，滿行 25 字。

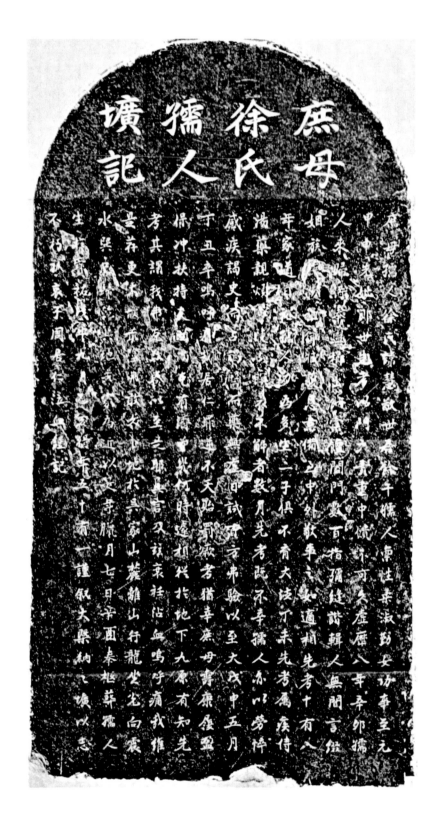

九十三、元王有明墓銘　至大四年（1311）三月

額正書四行：王公 / 明一 / 居士 / 墓銘

　　吾父諱有明，世居撫州臨川東鄉長壽之吉嶺人也。昆弟姊妹有六。曾 / 大父彥德，大父德強。先父立性溫和，治家勤儉，善鄰睦族，內外無間言。世遇 / 更变，俻歷險阻艱難，中途鸞影分飛，旹滿再續弦。离祖居一望，呉家創 / 業，又一新焉。晚歲，與鄉鄰結圓通經會，亦嘗供過齋次。兒女事万畢，/ 正期少佚余年，豈知天不佑遺，一旦以疾弗起，嗚呼痛哉！生於宋戊戌年 / 九月初九日辰時，卒扵元至大二年己酉十一月初五日，終壽七十二歲。母 / 嶺後徐，早逝。男士尨、士雲，女似下車黃世呉，皆徐氏的也。次男士榮、士□、士□，/ 後母王氏的也。媳婦丁氏、鄒氏、王氏、余氏、丁氏。惟士榮、鄒氏、王氏皆公逝後，相継而亡，哀 / 痛奈何！孫男必祥、必富、必達、必英、囬郎、扁俾、圓孫。孫婦黃氏、呈氏。孫女十人。/ 諸孤扵十年三月癸酉朔，奉柩葬于吉嶺。卜斯宅兆，以妥其灵。事出乎簡，不能丐 / 銘於當時大手筆，姑謹紀歲月，納諸壙云。/

　　至大四年三月日孤子王仕尨等泣血拜書。

　　高 60 釐米，寬 32.5 釐米。正書 13 行，滿行 30 字。

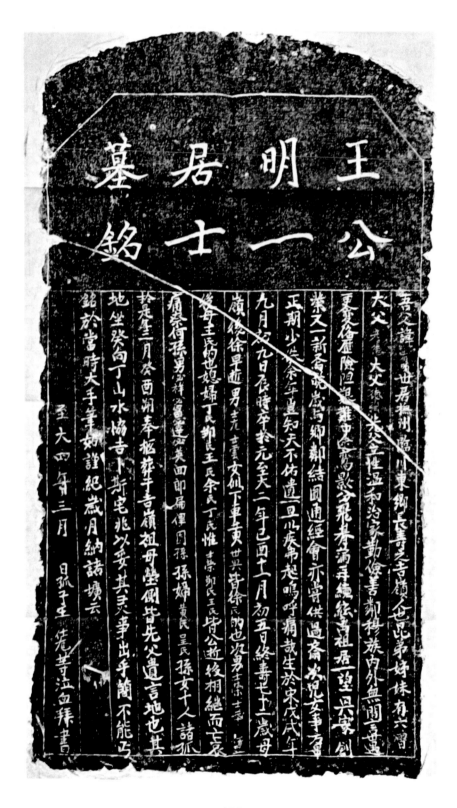

九十四、元陳文煥墓誌　延祐元年（1314）八月二十五日

額正書四行：先君／畊隱／陳公／墓誌

先君姓陳氏，諱文煥，字信夫，世居饒州安仁長城之蜂嶺。曾大／父熙，大夫彬，父安之，母危氏。先君無伯仲，賦性溫和，治家勤儉，／親仁善鄰，教子以詩書。暇日則修其田里，故自以畊隱為號。先／君生於宋嘉熙庚子年正月初四日巳時，不幸終於元皇慶二／年癸丑正月二十二日，以不疾終于正寢，享年七十有四。嗚呼／痛哉！先君娶臨川大坪吳氏，先於先君二十二年而卒。男四人：／長執中，娶豪嶺戴氏；次一中，娶貢塘洪氏；次立中，初娶劉氏，續／娶田西馮氏。立中後先君一年而卒於廣東之新州，不能奉襄／終事。嗚呼！命耶時耶！幼男義質早失母，執中養以為嗣，娶坪上／何氏。而義質亦前先君一年而卒。女二：長適長林樂仲琬；幼女／壽娘早逝。孫男六：廣孫、慶孫、元孫、泰孫、驢孫、孝孫。孫女三人：長名／一姊，適苓塘艾德裕；次二姊，納臨川橫路何至極為贅于家。諸／孤以次年甲寅八月二十五丙午，奉柩卜葬于祖塋之傍，其地／坐癸向丁，去家咫尺，從治命也。執中不文，未能乞銘當世君子，／姑記歲月，納諸壙云。未葬前三日，孤哀子執中、一中泣血拜書。

高 68 釐米，寬 33 釐米。正書 15 行，滿行 24 字。

先君畊隱陳公墓誌

先君姓陳氏諱火舋字信夫世居饒州安仁長城之蜂嶺曾大
父興大父斌父彦之母庵氏先君興伯仲賦性溫和治家勤儉
親仁善鄰教子以詩書服日則修其田里故自以畊隱為號先
君生於宋嘉熙庚子年正月初四日己時不幸終於元皇慶二
年癸丑正月二十一日以不疾終于正寢享年七十有四嗚呼
痛哉先君聖臨川大坪吳氏先於先君二十二年而卒男四人
長執中娶賈嶺戴氏次一中娶賈塘洪氏次五中娶劉氏繼
娶田西馮氏立中後先君幼男義賞早失母執中養以為關娶坪上
何氏而義賞亦前卒女二長適長林樂仲琬幼女
終事鳴呼命耶時耶先君一年而卒於廣東之新州不能奉襄
壽娶早逝孫男六廣孫慶孫元孫泰孫驥孫渟女三人長名
一姉適卷傳父德裕次二姉的臨川橫路何至樞爲贅于蒙諸
孤以次年甲寅入月二十五兩午奉柩卜葬于祖壠之側其地
坐癸向丁去家咫尺從治命也執中不文未能丐銘當世君子
姑記歲月納諸壙云未葬前三日孤衰子執中泣血拜書

九十五、元陳立中墓誌　　延祐元年（1314）八月二十五日

額正書四行：亡弟／陳継／四宣／教墓

亡弟陳姓，諱立中，字賢可，家世饒安仁之峯嶺。曾祖彬，祖安之，／父文煥，母吳氏。亡弟居昆之亞，賦性溫柔，□資俊爽。自幼讀書，／夜分乃寐。及壯，有四方之志，風雨江湖□聲茅店，此其素志也。／及至延祐甲寅春，偕長弟一中同往廣□□新昌。至二月終，就／彼染疴，醫治逾月，福藥罔功，竟成長逝。亡弟一中攜骨殖以歸。／嗚呼哀哉！亡弟生於宋末咸淳甲戌九月二十七日戌時，卒於／延祐甲寅四月初一日，享年四十歲。亡弟初娶劉氏，有女仁姑，／俱各早逝。續娶田西馮氏，男二人：長驢孫，年方四歲；次孝孫，於／亡弟卒後二十日而生。有女一人，寄妹，年方十歲。兒女俱幼。吾／以是年八月二十五日丙午，奉先君襄事，卜葬于峯嶺祖壠／之傍，就附葬于先君之右。其地坐癸向丁，水歸寅甲，汝其居／此，以福後人。姑書此，以紀歲月云。兄執中、一中揮淚書。

高 52.5 釐米，寬 26 釐米。正書 12 行，滿行 24 字。

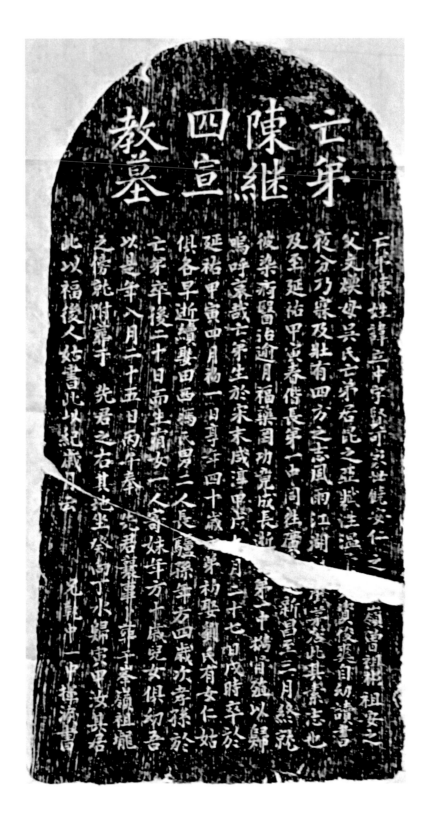

亡弟陳繼四宣教墓

九十六、元張善鏡墓誌　至治元年（1321）十二月二十一日

額正書四行：先室／張氏／孺人／墓誌

孺人張氏諱善鏡，古為饒安仁若嶺良族。曾大父慶立，／大父庚，父一龍，人以善譽稱。孺人賦性貞柔，持身莊肅，／歸我三十餘載。治家勤儉，蠶繅以時，理俗秩然有條。古／事滄桒，捨舊址，復構數椽。延師教子，歲無虛席。親朋過／從，主中饋，未曾少輟。事姑以孝，娣姒以和。隣里有急者，／必周之。由是家道日益，內外無間言，此非賢助而何。政／期晚景夷猶，為偕老計。一日疾作，醫巫迭尚，竟奄然而／逝，時庚申八月十三日也。嗚呼！上有鶴髮之親，下有垂／幻之子，罹此斷絃，鰥居寥落，悼亾之情，曷維其已。孺人／生至元甲戌七月三日，子男三：長子玉，娶林；次瑞玉，娶／艾；三保尚幻。孫男四：璜生、平孫、善孫、緣孫。孫女二：庚娘、／靜娘。以辛酉十二月庚申奉柩葬于里之山口，壬亥，／行龍坐辛向乙，惟靈其妥諸。歸窆有期，未能丐銘當／古大筆。姑摭其實，內諸幽宮云。暮制盧仲敬泣涕謹書。

高75釐米，寬48釐米。正書14行，滿行21字。

先室張氏孺人墓誌

孺人張氏諱善鎰世為饒安仁者鎮良族曾大父慶立
大父一龍父以善春稱孺人賦性真秉肯莊庸
歸我三十餘載治家勤儉纂縷以時理偕秩然有條守
沒主中饋未曾少輟事姑以孝婦姒以和隣里有患者
少周之由是家道日益內外無間言此非賢助而何政
期晚景夷猶為惜先計一日疾作醫巫迭尚竟奄然而
逝時庚申八月十三日也鳴呼上有鶴髮之親下有黃
幼文子罹此斷絃鰥居寡落悼以之情昌維其已孺人
生至元甲戌七月三日子男三長子玉娶林次瑞玉娶
艾三保尚幼孫男四瑞生平孫善孫綵孫孫女二庚娘
靜娘特以辛酉十二月庚申華柩厝于里之山口壬亥
行龍坐辛向乙惟靈其妾諸歸窆有期未能丐銘於當
予大筆姑據其實內諸幽宮云眘制靈仲毅泣弟謹書

九十七、元饒克寘墓誌　　至治三年（1323）十二月十六日

額正書五行：先考／饒公／敬五／朝奉／墓誌

先考姓饒，諱克寘，世居撫州臨川南塘。曾大父六亨，大父／珍。自高祖堯明繼迁悠久塘，結廬植業，族大以蕃。先／考賦性篤實，孝事二親，友愛昆季，鄉稱善人。而先考／經營生理，備歷艱勤。先妣崔氏先十三年卒，先考撫／育教訓孤等甚厚。逮兹粗畢冠婚，不肖孤方冀尽菽水／奉，少報罔極恩。奈何天道酷罰，竟以疾逝，嗚呼痛哉！／先考生於大元至元丁邜四月初四，卒於至治癸／亥十一月二十九日，享壽五十有七。男一，德昇，取熊／氏。女三：長適熊，早世；次適吳；幼適黃。孫男四三。／不肖孤於是年十二月十六日癸酉，奉柩帰窆／于詹家山，坐乾向巽，卜云其吉。／

孝男德昇泣血百拜書。

高 71 釐米，寬 45 釐米。正書 12 行，滿行 22 字。

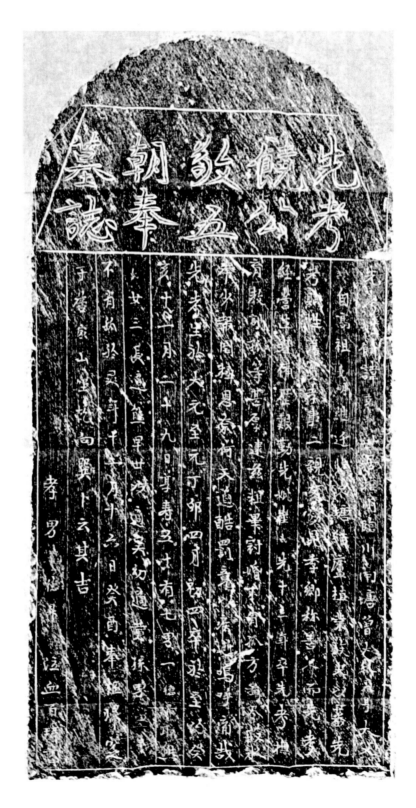

九十八、元張聖善壙記　泰定三年（1326）六月三十日

額正書三行：故張氏／和二孺／人壙記

孺人姓張氏，諱聖善，信州貴溪箬港張登仕家人也。父敬仲，諱有禮，母鄭氏，俱／已先逝。孺人生於大元至元癸巳歲正月二十八日辰時，皇慶壬子歲適饒州／安仁縣榮禄鄉二十二都城山吳鑾。生男二人：長福奴，次禄弟。女二人：長引弟，／次囬姑，皆幼。孺人享年三十四歲，忽感傷寒之證，一疾數月，醫禱罔功，於丙寅／年五月二十七日竟成長逝。遂卜地於本都南塘村土名大塘下，坤申行龍，坐／庚向甲，大塘子癸，旺水朝蔭。去家不滿一二里，福我後人，亦不薄也。時泰定三／年丙寅六月三十壬寅日，年月通利。鑾領諸幼奉靈柩安厝於此，聊書歲月為／記耳。

菩服夫吳和仲鑾領哀子福奴、禄弟泣血謹書。

高 68 釐米，寬 32.5 釐米。正書 8 行，滿行 30 字。

故張氏相二孺人壙記

孺人姓張氏諱□□信州弋陽□□人□父□仲彥有里與□□□□□□

巳先逝孺人生於大元至元癸巳歲正月一什□日辰時□□□□□

安仁縣庠序祿鄰一叶□孺人年二十四歲□□□女福欵父祿弟十二之吉引第

次田祐出□孫父□旺水朝龍去家無病□□

□五月二十七日竟成民逝□卜□□鄉南楮村□石大墙下坤申行龍坐

襄向甲夫婦子□旺水朝龍去家無病□□里福祝後人亦不□此□泰定三

平南貴六月三千□頁□月周利鑒領讀勿本靈柩宜厝於此聊□□歲□為

記耳 □服失吳和仲鑒 □□子福奴 樣禾 □□□□

九十九、元胡奉二承事地券　泰定五年（1328）二月二十八日

額正書：故胡公奉二承事

當元泰定五年二月甲午朔越辛酉吉辰，／江西道撫州路臨川縣臨汝鄉二都良江保／孝妻饒氏，孝男胡德清、德茂，新婦阮氏、黃氏，／女孫関娘、崇娘，男孫駏生、興孫、回弟、崇保，孝／眷等伏為亡夫胡公奉二承事元命，戊辰年／十月初二日子時受生，不幸於戊辰年二月二／十四日歸壽。先用錢財一車，與陰陽地主買／到陰地一段，坐落地名三墩。作一陰穴，坐亥／向巳。東止甲乙，南止丙丁，西止庚辛，北止壬／癸，中為亡人塚宅。尔疆我界，各截其所。如有／山魈魍魎，無得占爭。如違故紀，準／太上鬼律施行。故券。今月日，專白。

高 63 釐米，寬 31 釐米。正書 12 行，滿行 18 字。

故　胡　公　奉　二　承　事

大上冤律施行故券今月□專

山中題毋得占争如遠故紀準其所□有

發己東止甲乙塚南止丙丁西止庚辛北止壬亥

向到陰地一段先落地名三塊作一坎陰地主買

到陰地一段先落地用錢財一車與金陽地主買

十四日初二日子時受生不幸於戊辰年二月二

十月初二日夫時受生胡公奉二承事元命寄保孝

眷等伏為云夫時受生胡公奉二承事回第氏黃氏孝

女孫關娘奇娘男孫驢生興孫新婦院氏黃氏江保

孝妻饒氏孝男胡德清德茂新婦院良江保

江西道撫州路臨川縣臨汝鄉二都良保

省大元泰定五年二月甲午湖越辛酉吉辰

一○○、元孔懿順墓誌　天曆二年（1329）二月二十二日

額篆書四行：故盧 / 孺人 / 孔氏 / 墓志

孺人孔氏諱懿順，幼有婦德，婉娩貞孝。父 / 母慈之，不欲俾適于外，余故歸于而家者 / 若而年。相余正敬，晨機夜績，劬如也。自戊 / 辰□膺疾，藥石罔奏。至己巳年正月十三 / 日，竟尔奄忽，嗚呼痛哉！孺人生大元戊戌 / 年九月十一日丑時，子男三：明孫、槐孫、添 / 壽。卜以是年二月廿有二日己巳，奉柩窆 / 于善會院之陽。其山坐酉面卯，靈其安妥， / 以福後人。謹記年月，以納諸壙。 /

夫盧毅抆淚敬書。

高 55 釐米，寬 30 釐米。正書 10 行，滿行 16 字。

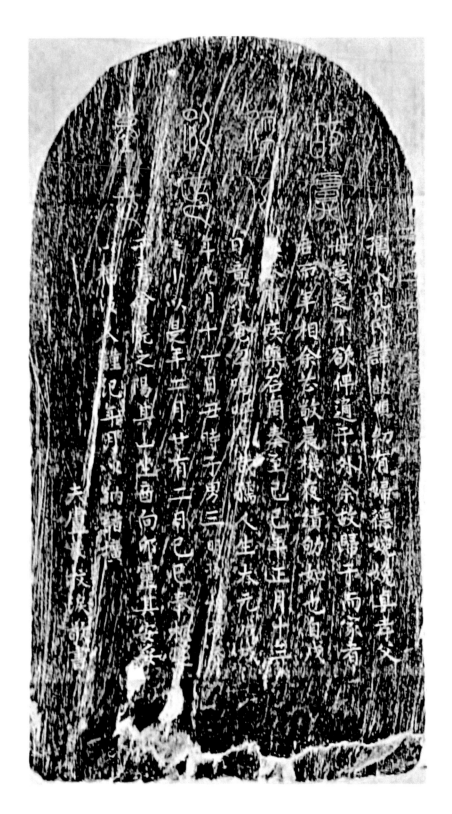

一○一、元何竟允壙記　後至元二年（1336）八月十九日

額正書四行：先君／廣二／居士／壙記

嗚呼！是為先君廣二居士之墓，先君族何氏，諱竟允，字淳道。祖於／臨川東路無定基止，後同祖母、兄弟創業麻陂鐵垆坑而居焉。曾／大父景雲，大父国材，俱醫士也。先君未有年而祖父卒，伯父持家，／教之書，授以醫述，家道日裕。故先君处家以儉，与鄉鄰和，修身蓮／社，課訟佛書，脑次平夷，与物無忤，雖嬰孩相見，亦且悦色和顏。立／心但欲濟世，活人不以資財為重，此諸孤耳聞目覩之事也。我先／君男女婚娶，各度其材授之一業，再廣一室，而寬吾居，日与諸孤／齏鹽淡泊以自業也。而天奴奈何，竟疾不起。痛哉！先君生宋景定／癸亥正月廿四，歿壬申十二月十八，享年七十歲。妻璩氏。男四人：／長福孫，娶陳氏，今春媳婦卒；次棣孫，娶黃氏；幼二俱卒。娶饒氏，女／二：玉，納熊慶孫偉為壻；長女嫁高孫囲。孫女三：長來姑，締釀里黃；次黃／姑，納張庚孫偉孫壻；三辰姑，納陳夘孫，以継幼男之後。奉先君遺／祝曰：「吾歿後，可葬里之行臨塘，附祖母澄之右。」坐坤山作艮向，竟／以山運未利，不克葬。閱四年，至元丙子歲八月壬辰日，忍死奉枢／葬焉。諸孤不力，不能求大筆銘，謹述歲月，納諸幽宅，以重不朽。／

孤子何福孫、棣孫泣血拜書。

高 90 釐米，寬 53 釐米。正書 16 行，滿行 25 字。

先君廣二居士壙記

嗚呼是為先君廣二居士之墓先君族何氏諱竟允字淳道祖於
臨川東路兵定基山後同祖母兄弟創業麻段鐵珥鏡而長焉嘗
大父原雲大父固材俱醫士也先君未有年而祖父卒伹父連
教之書授以醫述家道日駱故先君迄家以儉与物兼仵雖嬰孩調見亦旦
心伹歡濟世活人不以貲財為重山諸孤耳聞目覩之事也我先
君男女婚娶各慶其材撰之一業再廣一室而寬吾居曰与諸孤定
盍盒淡泊以自米也而天奴柰何竟疫不起痛哉先君生卒景定
癸亥正月廿欵殳士申十一月十八妻午七十歲妻孺長男四人
長福孫鄭陳辰今春媳婦次猨孫娶黃氏幻二倶卒婴饒居士
二王納熊兼為壻長女嫁馬孫四孫女三長柬姑網餞里黃次黃
姑網張庚孫為孫壻三辰姑網陳邠孫以繼幻男之後奉先君遺
納張毅後可葬里之行階塘附姐母澄之合壂坤山作良尚毖竟
祝四吾毅陵可葬閱四斜至元勾子歲八月壬辰日忍卮奉柩
以山運未利不克葬閱
葬為諸孤不力不能求大筆銘謹述歲月納諸宦宅以事不杇
孤子何福孫楝孫泣血孫書

一〇二、元洪子清壙記　　後至元四年（1338）正月十一日

額正書四行：洪公／清一／承事／壙記

公諱子清，世居金谿歸德鄉掃帚嶺人也。公自幼時／慈父見背，舅奪母志。自歎零丁孤苦，無所依倚，竭力／耕鋤。及長成人，出贅下王王宅。居二三載，念慕祖父／無人承供，復歸元所買地，創宅居焉。出入營家，朝暮／不倦。於是家業愈盛，致蒙官差役。社鄉人倘有鬥爭，／公是公非，畧無偏循。男冠女笄，俱畢撥置已定。正在／自樂優游，豈期一疾，求神服藥不瘳。嗚呼痛哉！公享／年七十有二，生宋咸淳丙寅四月十一日申時，卒於／後至元丁丑十一月三十日。公娶王氏，先卒，葬於掃／帚嶺下。生男二人：長男仲祥，早喪，媳婦李氏權家；次／男仲才，先娶吳氏，早卒，再續雷氏。長女適楊必顯，幼女／事周仕恭。男孫四人：長孫延勝，娶吳氏；次孫延富，娶徐氏；海、／義俱幼。女孫一人，適李延。女孫梅姑，尚乳。以卜戊寅／正月十一丙午日，奉柩葬扵王氏壠傍南也，坐寅／向申，從治命也。事嚴不能丐銘扵當世容筆，姑述其／槩而納于諸幽。孤哀子仲才同孝孫延勝泣血謹書。

高64釐米，寬32釐米。正書16行，滿行23字。

洪公清一承事壙記

洪公諱□父諱□見于清世居金谿歸德鄉掃箒嶺人也公自幼時鳴□力父

趫起□鋤耒及長背成一人奪母志下王宅居王宅居社鄉出入□入家有祖父暮争自幼時

公不倦人於承供家業偏愈疾徇致冠服女官差役俱慶甲鳴呼痛哉念家慕朝暮争力

是年七十有丁丑二月一月咸三淳神服早公四藥笄俱甲社撥置有營定正闥

嶺上元丁五二十一宋一月三男十丙寅公差不役廡呼念倚家定公亨此

樂游蛩暑期一盛所贅王王劏王宅居為二三載□公自

後仲嶺募十下元有丁二十偏□元所買地王宅居社鄉人入營念慕祖父

年至□十先生娶男丑五一□生期無歸元志下嘆寒丁孤苦無所依公自

男第俱同幼慕男女孫孫吳氏長長男平男再娶續祥日寅服女官差宅居宅居劏王

事月十幼先男孫孫娶吳氏氏次長男女婦李平申權葬於平公正闥朝争暮父

義俱從女男女孫孫婆娶王梅氏姑次孫女適李先平日呼痛已倚定家慕祖

正申月十女孫孫吳雷氏氏喪次長媳王氏一鳴撥鄉出三載公依倚何鳴時

尚向而納于治諸幽孤哀子肀同學孫餱泣血謹書□述其

肀能柩延薦再仲丙神冠蒙地王嘆寒鄉掃箒嶺人也公

丙銘於王當世壙容傍乳薔以聟南姑也□徐籲氏幼女海

一○三、**元萬氏壙記** 後至元四年（1338）十一月三十日

額正書四行：先妣／萬氏／孺人／壙記

孺人萬氏，世家撫之臨川天橋，生而淑善，優慈静專。帰相先君，克家／勤儉，姻族以和，中外無間言。密灯夜組，故能助先人以大其家，一新華廈。／教子義方，賓客盈门，供饋愈謹，皆孺人力也。男二：元龍、元慶。女一，適／何天太。媳夏氏、楊氏。孫男六：継善、継祥、継祖、時英、継周、棣孫。孫女二：長適／曾；次喜姑。孫媳夏氏、艾氏、鄧氏、艾氏、章氏。曾孫男周孫、鸞孫、瑞孫、成／孫。曾孫女玉姑、玉妹、申姑。孺人生宋淳祐乙夘十月十四，卒大元至順辛／未七月廿六，享年七十有七。以至元戊寅十一月庚寅，扶柩帰窆于屋之東，／去家數武，坐寅向申。其地山水環揖，以佑我後人。姑述歲月，納諸幽云。／

孤哀子于元龍、元慶泣血拜書。

高 57 釐米，寬 29.5 釐米。正書（間或行草）9 行，滿行 26 字。

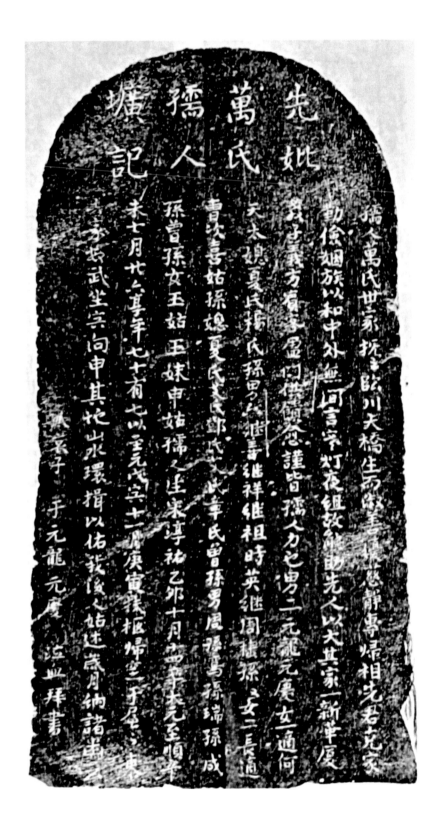

先妣

萬氏

孺人

壙記

一〇四、元黃妙净墓誌　至正十年（1350）八月八日

額正書二行（橫書）：先妣／黃氏妙净道姑

吾母姓黃，存日諱妙净，世居臨川臨汝人也。生於／前甲申年正月十三日申時，生適唐竟政，生男三／人：長德一，娶宋氏，先亡；次文壽，娶黃氏；文貴，娶車／氏。女二人：長適章；次適姜。男孫四人：道俚、弟俚、計俚、／関俚。女孫三人：長適程；次関女、細女，俱㓜。吾母奉／佛念彌陀，持齋幾載，秉心慈善，賦性溫良。正好清／閑乎，何天不愁焉，嗚呼痛哉！率於庚寅年八月初／六日以疾終壽，克在是月初八日庚寅安莚於祖妣／墳傍，坐甲向庚，卜云其吉。不能求銘歲月云耳。／

至正十年八月日，哀孤子唐文受泣血告書。

高 55 釐米，寬 27 釐米。正書 10 行，滿行 19 字。

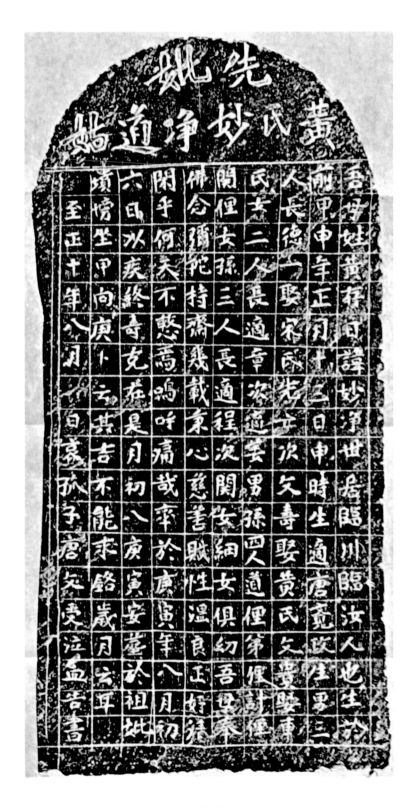

先妣
黄氏妙净道姑

吾母姓黄存日諱妙净世居臨川臨汝人也生於
前甲申年正月十三日申時生適唐寛改汝人也生於
民吉二女長德娶宋氏光守日申時生適唐寛俚第
閔念俚彌陀孫三人長通章次通程次妾男孫四女
佛念俚彌陀孫三人長通章次通程次男孫四女俱幼正吾好清
開平以何天不慈焉載東心慈善閔性溫良年八以云軍祖妣
六日坐甲疾終奇兑在是月初八庚寅歲月云
頌惆悵至正十年八月卜云日蒙孤子唐定受江血苦書

參考文獻

1. 郭茂育、劉繼保編著：《宋代墓誌輯釋》，中州古籍出版社，2016 年。

2. 紹興市檔案局（館）、會稽金石博物館編：《宋代墓誌》，西泠印社出版社，2018 年。

3. 何新所編著：《新出宋代墓誌碑刻輯錄》（北宋卷），文物出版社，2019 年。

4. 何新所編著：《新出宋代墓誌碑刻輯錄》（南宋卷），文物出版社，2020 年。

5. 何新所編著：《新出宋代墓誌碑刻輯錄》（地券卷），文物出版社，2021 年。

6. 周峰編：《貞珉千秋——散佚遼宋金元墓誌輯錄》，甘肅教育出版社，2020 年。

7. 周峰編：《散見宋金元墓誌地券輯錄》，花木蘭文化事業有限公司，2021 年。

8. 周峰編：《散見宋金元墓誌地券輯錄二編》，花木蘭文化事業有限公司，2021 年。

9. 周峰編：《散見宋金元墓誌地券輯錄三編》，花木蘭文化事業有限公司，2022 年。

10. 周峰編：《散見宋金元墓誌地券輯錄四編》，花木蘭文化事業有限公司，2022 年。

11. 周峰編：《散見宋金元墓誌地券輯錄五編》，花木蘭文化事業有限公司，2023 年。

12. 周峰編：《散見宋金元墓誌地券輯錄六編》，花木蘭文化事業有限公司，2023 年。